@LOST POSTINGS

Klaus-Jürgen Holstein

AF186617

Wir Besseresser.

vegan, glutenfrei & flexi

www.lostpostings.org

@lostpostings:
Wir Besseresser
vegan, glutenfrei & flexi
Klaus-Jürgen Holstein

Herstellung und Verlag:
BoD-Books on Demand, Norderstedt
ISBN: 978-3-7494-3228-8

Lassen Sie sich vorwarnen.

Die hier zusammengestellten Postings wollen, dass man über einige Anregungen zu einem sinnvollen Ernährungsstil stolpert..
Sie möchten auf eine unterhaltsame Weise ein wenig Wissen über Ernährung, Lebensmittel und Kochen vermitteln.
Dogmatiker kommen hier nur wenig auf ihre Kosten Dieses Buch wählt – wie die gesamte Reihe – den neuen Weg, in locker aneinandergereihten Postings das Thema und die Geschichten drum herum zu entfalten.

Wir treiben uns unter jungen Erwachsenen herum, die sich nicht nur für Ernährung interessieren, sondern sich mit ihrem Ernährungsstil identifizieren – phasenweise, wie das Leben kommt und sich entwickelt.
Glaubenssätze ändern sich.

Der Inhalt ist authentisch, aber keine Do.k.umentation. Eingestreut sind eigene Original-Postings der Bio-Plattform ein-herz-fuer-bio.org.

Bedauerlicherweise kann der sinnliche Eindruck der beschriebenen Genüsse und Ideen nur in Worten rübergebracht werden, aber man kann sich ja davon anregen lassen…

Am Schluss des Buches findet sich eine kleine Übersicht über die vorkommenden Rezeptideen. Dies sind stets so beschrieben, dass sie zum individuellen Abwandeln Platz lassen und dazu ermuntern, dem eigenen Geschmack zu folgen.

Casa Bonay Barcelona

Die Casa-Bonay-Connection:
Eine typische Szene, wie sie sich in Frühstückscafés eines jeden Hotels hätte abspielen können. Jan kam mit seinem silbernen MacBoo.k. an den freien Tisch am Fenster und installierte sich mit Rechner und Kaffee für einige Texte und Recherchen. Er arbeitet als selbsternannter Trend-Scout und bedient einige Blogs mit den neusten Eindrücken. Was trinkt man in den angesagten Bars? Während er noch darüber sinniert, ob die Cavas der letzten Nacht nun zu Trend oder Tradition zu rechnen sind, schiebt sich elegant und leichtfüßig Caroline mit Rechner und einem Glas Chiapudding in die Kaffee-Zone. "Lecker", entfuhr es Jan sehr spontan „wo kommt denn der her?". „Aus dem Frühstückraum", erklärte Caroline lapidar und zeigte hinüber. „Ganz schön weit vorne, diese Crew vom Bonay", kommentierte Jan. „Ich brauch viel Kaffee bevor ich die Welt mit Kommentaren beglücken kann… Bin gestern einfach viel zu viel rumgelatscht und habe platte Füße.." „Klingt nicht so richtig prall …. War hoffentlich zu was nütze…""Hab am Wasser nach Motiven für meinen Blog gesucht… und musste dafür Benny ganz schön triezen…" Dass Benny nicht der Kater ist, konnte Jan sich schon denken, aber er wollte lieber nicht weiter fragen. Das erübrigte sich auch bald, denn der stolperte zwanzig Minuten später – ebenfalls mit einem MacBook. bewaffnet in Richtung Theke.

„Ich weiß, du fragst mich gleich, ob ich die Bilder von gestern schon runtergeladen habe. Ja hab ich, aber ich schwör dir, dass ich die erst nach drei Pötten Kaffee und so mir angucke…" wehrte Benny, ein drahtiger Mittdreißiger, die ersten Diskussionen ab. „Manchmal hatten die Zeiten, von denen die Oldies bei uns noch erzählen, auch ihr Gutes. Da hat man nach einem Shooting schlicht warten müssen. Die Filme, die man wie seine Augäpfel zu hüten hatte, kamen ins Labor und dann irgendwann später bekam man das Ergebnis. Und heute ist jemand wie Benny auch noch sein eigener Knecht. Ich soll die Bilder laden, soll sie sichten, bearbeiten und auch noch seine technischen Wunder vollbringen…" So langsam hatte der Holländer seinen Humor schon wiedergefunden. Carolin brachte ihm symbolisch noch einen Kaffee und streichelte ihn freundschaftlich. Künstler brauchen das. Zumindest tut es gut. Das Licht in der Nähe des Aquariums war gestern Abend einfach traumhaft gewesen und da hatten sie wie besessen gearbeitet. Eine Klamotte nach der anderen, viele interessante Bewegungen und das Ganze natürlich rein improvisiert. „War – glaube ich – gut", meinte Benny. „Die Bilder atmen diese tolle Stimmung."

„Du weißt aber auch, dass die, die für meine Blogs zahlen, auch noch diese Jungs-Sachen wollten…", brachte Caroline die unangenehme Wahrheit auf den Tisch. Benny machte einen stummen Blick in Richtung Jan…"der wäre nicht schlecht". „Hättest Du heute noch ein Stündchen für uns Zeit, so am späteren Nachmittag?" „Meint ihr mich?" Jan hatte die ganze Zeit konzentriert an seinem Text gekaut. „Kann sein, dass ich mich ne Stunde loseisen könnte. Worum geht´s denn?" „Diese junge Frau da, die verspricht ihren Auftraggebern immer, dass sie ihre Alltagsklamotten an so hippen Locations in Szene setzt, dass das ganze Netz wild danach ist… Na ja, wenigstens tut sie so. Und ich bin dabei der Sklave, der ihr die Bilder macht. Und es wäre nun kein so prickelnder Gedanke, wenn ich jetzt auch noch mit Klamotte vor den Selbstauslöser der Kamera hüpfen sollte…" "Witziger Gedanke, hat was…", gab Jan zurück und wandte sich den beiden zu. „Also für Euch ist diese tolle Stadt eigentlich nur Bühne und Kulisse…" „Nicht ganz", schaltete sich Caroline dazwischen, „natürlich kann ich manchen, die man hier trifft, auch noch was abgucken, wie sie sich stylen und so…" „und was erwartest du jetzt von mir, wenn ich vor die Kamera hüpfe?" „Meist kommen mir die Ideen vor Ort. Lass uns einfach heute Nachmittag losziehen. Das wird was, Ich spür es…."

„Und heute Abend treffen wir uns dann sicher alle bei der angekündigten Party auf dem Dachgarten. Das ist eher mein Part. Ob da dann auch wieder alles vegan zugeht oder was der Trend ist…"

Chia-Pudding zum Frühstück
Chia-Samen sind mehr gesund und haben ähnlich wie Leinsamen viele gute Bestandteile. Neben einem positiven Verhältnis von Omega 3- und Omega-6-Fettsäuren enthalten sie sehr viel Calcium, weit mehr als Milch sowie noch Kalium, Magnesium, Phosphor, Eisen, Zink, Kupfer und noch Bor als Spurenelement, ja und dann auch noch ein gutes Image. Was will man mehr.

Entdeckung: Chia-Pudding

Chia hat sowohl vermahlen wie in ganzen Samen eine stark dickende Wirkung. Wenn Chia über eine Stunde oder gar über Nacht in Flüssigkeit wie Hafermilch – Kuhmilch ginge auch – einweicht, entsteht der typische Chiapudding, den man allerdings mindestens eine Viertelstunde nach Ansetzen einmal gut durchrühren sollte, um Klumpen zu vermeiden. Wem der pure Geschmack nicht reicht, der kann die Mixtur mit einem guten Schuss rote Früchte-Saft und etwas Zimt verfeinern.

Da Chia ein Lebensmittel ist, dass aus den Anden kommt und in Europa zuvor kein Bestandteil normaler Ernährung war, wird Chia als „novel food" eingestuft. Bei solchen Lebensmitteln wie etwa auch bei Stevia als Süßungsmittel ist es für die Verpackungen Pflicht, Verzehrhinweise anzugeben, die meist sehr vorsichtig bemessene Höchstmengen für den täglichen Verzehr angeben. Während bei Stevia auch von Verbrauchern einige Vorbehalte stets bleiben, hat dies bei Chia keinen Verbraucher von einem Verzehr nach ihrem Geschmack abgehalten. Es hat auch niemand davon einen Schaden genommen.

Gran Via de les Corts Catalanes, 700
Was heißt nachher? Als die drei um Viertel nach acht sich am Aufzug trafen, stand dort schon eine richtige Traube von jungen Erwachsenen, die alle nur ein Ziel hatten: den Dachgarten. „Die Cava scheint mehr als

uns zu locken? Da müssen wir erst mal sehen, ob wir noch einen Platz bekommen." Wo sonst einige Hotelgäste auf Liegen eine Siesta halten, drängen sich bereits die Besucher. Es gelingt den Dreien gerade noch jeweils ein Glas zu ergattern, aber für eine gemütliche Plauderei zu dritt – keine Chance. Sie lassen sich treiben.

Jan platziert sich in einer Ecke neben einem jungen Mann, „Hendrik, Kopenhagen". Die beiden kommen schnell in den ersten Smalltalk. Hendrik soll ab nächste Woche einen Lebensmittelmarkt in Vesterbro, einem relativ gutbürgerlichen Stadtteil von Kopenhagen managen und will vorher noch einmal den Kopf freibekommen. Zum ersten Mal so ein direkter Job. Aus den Einführungswochen in der Irma-Zentrale – Irma heißt die kleine Kette – hat er all Guidelines in sein persönliches Pflichtenheft erklärt bekommen und nun soll er demnächst etwas machen, was er noch nie zuvor gemacht hat. „Spannend" findet Jan „ich kann allenfalls in einem Artikel oder in einem etwas ausführlicheren Blog darüber schreiben. Hab gerade einen Job bei mir in Amsterdam, wo auch so etwas vorkommt." „Im Moment kann ich dir dazu auch noch sehr wenig sagen. Kenne da gerade mal die Theorie, also die Kette mit viel Bio und hochwertigen Lebensmitteln in einer Stadt, die im Schnitt sich etwa zu 12% in Bio ernährt. Das find ich gut, weil in so einer Stadt, wo die Leute sich um ihre Umwelt genauso kümmern wie um einen gesunden Körper, da bin ich gespannt. Naja, in einem halben Jahr kann ich dir vielleicht mehr sagen. Und so hatten die beiden schnell mehr zu sagen. Über angesagte Clubs, was sie sonst so machen und natürlich wie hart das Leben in Hotspots Europas auch manchmal sein kann.

Barcelona war reich an Zufallsbekanntschaften: Benny traf seine Kollegin Danielle. „Du auch hier?" „Rein privat, ich wollte einfach mal etwas Abwechslung. Und du?" „Mehr eine Gefälligkeit für Caroline, die ihren Mode-Blog etwas anhübschen muss und dafür eine interessante Location brauchte. Und da ich auch wieder die ganze nächste Woche in meinem Studio mit Sills knechten muss, hab ich zugesagt." So kam hier jeder zu seiner Unterhaltung. Und Caroline beobachtete die Gäste still aus einer Ecke. Ein wenig das angesagte Styling abgucken. Und auch ein wenig darüber nachdenken, ob das alles etwas ist, mit dem man wirklich auf dem richtigen Weg zum Influencer ist. Da fehlen ihr immer noch ganz schön viele Follower. Und außerdem muss man sich in dem Metier auf eine Linie festlegen: entweder Mode, oder Lifestyle allgemein, oder Kosmetik und da muss man dann auch voll dahinterstehen. „Bin ich das?" Die ersten Kunden waren ja auch nur ein Zufall. Hier ein kleines Modelabel aus dem 2. Bezirk und morgen wieder anders. Da fiel ihr Jenny ein, die den Mut gehabt hatte, etwas weiter draußen einen kleinen Laden aufzumachen. Die wirkte manchmal schon sehr zufrieden.

Bevor sich Benny, Jan und Caroline jeder im Trubel total verloren, hatten sie noch beschlossen, sich für den nächsten Morgen noch ein gemeinsames Taxi zu leisten, um dann nach dem Check-In noch eine kleine Chance auf einen gemeinsamen Kaffee zu nutzen. Das war sicherlich schlau, denn die Enge auf der Terrasse forderte immer wieder ihr Eigenleben.

„Salud" Und die Getränke beflügelten bald dazu, immer noch mehr Nachbarn wahrzunehmen....

Aeroport de Barcelona-El Prat
Die drei hatten es tatsächlich geschafft. Das Taxi war
die einzige Chance, um nach so einem Abend noch in
einen Zeitplan zu finden. „Nicht vergessen. Wir könnten
ein tolles Team sein. Unser erster Spontanauftritt
zusammen war ziemlich vielversprechend" knurrte
Benny noch verschlafen. Wenn sich´s ergibt, fänd ich
das toll. Und wenn nicht sofort lad ich euch auf ein
Matratzenlagerwochenende zu mir ins Studio ein. Platz
ist da immer. Brauch nur ein freies Wochenende dafür.
Ich muss jetzt ja auch erst mal sehen, dass ich meinen
nächsten Job mache, wäre auch noch gerne
geblieben." „Influencen ist ja ganz schön" meinte
Caroline in einem Anflug ersten Wachseins, aber wisst
ihr, was morgen kommt? Vegane Mode, vegane
Kosmetik ohne jeden Tierversuch oder weiß ich es".
Jan, der gestern deutlich eine Cava mehr hatte als die
anderen, knurrte nur. Er dachte an das private Low-
Carb-Programm für die nächste Woche. Garantiert erst
mal zwei Kilo zu viel.
Für tiefsinnige Gespräche ist so ein Morgen nicht
gemacht. Der gemeinsame Start in unterschiedliche
Richtungen hilft gerade noch, dass man die WhatsApp-
Connections austauscht, bevor sich jeder zu seinem
Gate aufmacht.
Diese erzwungenen Pausen am Gate haben am Ende
manchmal auch noch etwas Produktives. Die
erzwungene Pause führt dazu, dass Caroline noch
einmal an ihren Knackpunkt zurückkommt und darüber
nachdenken, ob sie vielleicht etwas dazu beitragen
kann, nicht nur mehr Follower zu bekommen, sondern
auch selbst die eigenen Themen in Richtungen zu
schieben, die wirklich zu ihr passen. Vielleicht ist das ja
ein Weg. Jedenfalls könnte sie es sich vorstellen. Jan

denkt an seine nächste Szenereportage, die er noch machen sollte. Da könnte das Thema, wo man das Trendfood einkauft gut zu passen. Er nimmt sich vor, daraus etwas zu machen. Für Benny ist der Rückflug nach Hamburg erst einmal ein Schnitt. Er muss und will wieder umschalten in normalen Job. Selbst ein kleines Fotostudio will ordentlich bespielt werden und als inzwischen Enddreißiger weiß er natürlich, dass man eben den Job, den man hat, einfach bestmöglich und professionell durchziehen muss. Alles andere sind Träume. Der berühmte Gedanke „ginge es auch anders?" ist zwar schön, manchmal auch anregend, aber er darf einem nicht die Gegenwart versalzen. Am besten, er fährt mit dem ganzen Equipment direkt vom Flughafen ins Studio, räumt alles auf und bereitet den laufenden Job schon einmal vor.

Leidsegracht, Amsterdam
Jan weiß, dass er ein privilegiertes Leben führt, zumindest solange ihn noch Magazine und Kollegen für seine Arbeit bezahlen. Er wohnt zwar nur im der Gracht abgewandten Seite des Hauses, hat dort aber total zentral ein kleines Apartment mit netten Nachbarn und lebt im Moment und für sich in der für ihn besten aller denkbaren Welt. Bei schönem Wetter geht er einfach ein Stückchen weiter in die nächste Kneipe, die für Eingeweihte ein paar Sonnenplätze auf einem Vordach besitzt, wo man sich es mit einer Unterlage bequem macht, tagsüber mit einem Kaffee und dem Rechner und nach Feierabend mit einem Bier – wenn man will. Er kramt eines der Fotos aus dem Aufhänger zu seiner Reportage heraus, den er aus der Redaktion bekommen hat: Da lehnt ein Lastenfahrrad an der alten

Begrenzung einer Gracht, auf dem man REDERIJ DE JORDAAN lesen kann. Eben ein Symbol für dieses charmante Viertel Jordaan, dem immer neue Generationen von Bewohnern den alten Charme neu einhauchen. Bei den Bewohnern sind all die aktuellen Ernährungstrends sofort und leicht angekommen. All die Menschen aus dem mittleren und ferneren Osten konnte sich von Haus aus viel leichter in den Lebensstil jenseits von Fritten und Würsten wiederfinden. Er selbst kämpfe immer noch mit dem persönlichen Low-Carb-Programm. Die Vision eines schönen Pils oder eines leckeren Burgers sollte ihm schlicht nicht zu oft kommen, denn sie ging einfach zu schnell auf die Hüfte. Und wenn jemand von aktuellen Trends schreiben will, dann sollte er auch entfernt dazu passen. Ausnahme vielleicht diese Eineinhalb-Zentner-Nerds, die eben ihre Nächte mit Chips und Cola vor unendlich großen Bildschirmen fristen und alle zwei Jahre einen neuen und noch ausladenderen Büroschwinger vor ihrem Rechner brauchen. So wollte er nun wirklich nicht enden.

Nach dem Kontakt mit Hendrik hatte sich Jan vorgenommen für seine Reportage über die Trends im Viertel auch einmal nach passenden Geschäften zu gucken. Und da gab es in der Tat in der Nähe diese Filiale der innovativen Biokette Marqt. Aufmachung reduziert und loftmäßig, das Angebot schon ziemlich innovativ und vielseitig. Neben frischem Obst und Gemüse, das Jan erneut belehrte, dass er wohl öfter dazu greifen sollte, eine tolle Auswahl von frisch in der eigenen Bäckerei entstandenen Broten, die Offenbarung an Käsegeschmack. All die tollen Qualitäten aus Holland und dem Rest Europas, nach denen der Tourist in der Amsterdamer City vergebens suchen wird, gab es hier in breiter Auswahl. Aber Vorsicht, außer in Maßen genossen, sicher Gift für die Hüfte und außerdem leider nicht vegan. Also eher mal nach etwas Superfood gucken, neue Vitalstoffe und Vitamine.

Aber, wenn man sich so umguckt, hier kaufen natürlich keine Touristen ein, sondern eben die Bewohner des Viertels. Ein gutes Zeichen, wie eben auch, dass sein Viertel im äußeren Grachtenbereich längst noch nicht von Touristen überschwemmt ist. Da kann man an Sonnentagen einfach die Beine über die Grachtenbegrenzung baumeln lassen und den privaten Booten zuschauen, aber eben nur abseits der typischen Durchfahrtsrouten der Tourboote. Dort kann man sich alle Viertelstunde den gleichen Text vom Band anhören und fühlt sich ein wenig wie im Zoo. A propos Zoo: Man sieht den Unterschied zwischen denen aus dem Viertel und den meisten Touristen sehr deutlich am Umfang. Für die junge Stadtbevölkerung ist Übergewicht in jungen Jahren ein NoGo. Daneben schieben sich Gruppen und Grüppchen an den Grachten vorbei deren Figur… naja… kein Kommentar. Und dann muss sich Jan wieder an die eigene Nase fassen. Er hat es mehr mit dem JoJo Effekt, auch nicht wirklich schön. Und ja, was die junge vegane Linie angeht, da müsste er auch erst noch einmal üben. Dafür hat er sich eine Hafermilch für den Chiapudding mitgebracht. Das müßte passen. Aber eben keinen Honig dazu, der ist nämlich nicht vegan, weil von Tieren gesammelt. Musste er auch noch lernen. Ob man allerdings davon abnehmen kann, ist auch nicht so sicher. Und wer bei jungen Ladies einer bestimmten Klasse punkten will, der sollte dazu eine Reihe von Rezepten auch noch auf Lager haben. Der Kampf um die Gunst der Körper…

`Ein-herz-fuer-bio.org`
Marqt, ein neuer Typ von Biomarkt, der nicht nur für Holland Maßstäbe setzt.

Marqt begeistert nicht nur Lebensmittelprofis, aber die besonders: Dieser Biomarkt lässt keine Wünsche offen: Frischetheken für Fleisch, Fisch, eine Super-Auswahl an Obst und Gemüse in Bioqualität, die eigene Bio-Frisch-Bäckerei, eine Frischetheke mit einer wirklichen Auswahl von Fertiggerichten und dazu ein Sortiment, das auch die Wünsche der Genießer exzellent befriedigt.

In Amsterdam zeigt Marqt eine tolle Präsenz und man kann nur hoffen, dass diese Tendenz noch breiter erfolgreich ist: Gute Bioqualität mit erkennbar gutem Geschmack im Detail, alles andere als 08/15-Angebot. Ein City-Markt, der sich mit jedem Gourmet-Ansatz wunderbar messen kann. Das ist mit Sicherheit das, was Markt und Kunden gerne sehen und was auch in Deutschland und selbst in Frankreich noch immer Platz hätte.

Für alle Generationen von Bioverwendern bietet das Angebot eine sehr gute Auswahl, aber eben auch für die jungen Käufer und Menschen, die sich anders an Bio annähern als die erfahrenen Ökokäufer. Wer eine überzeugende Visitenkarte für Bioernährung sucht und ein Angebot, dass Kunden für Bio überzeugen kann, der ist bei Marqt richtig. Diese Denke wäre auch für andere Biomärkte ein überzeugender Ansatz. Möge diese Innovation ihre Wirkung entfalten. Den Machern von Marqt auf jeden Fall herzlichen Glückwunsch zu tollen Biomärkten.

Neustiftstrasse, Wien

Auf ein kleines Café, das sowohl Caroline als auch Jenny kannten, hat man sich für die Mittagspause geeignet. Das Viertel hinter dem Museumsquartier hat immer noch so etwas von leicht und easy und das braucht man, wenn man sich an so schwergewichtige Themen wie Job und Zukunft traut. Genaugenommen hat Jenny schon so manches probiert und Caroline ist sich alles andere als sicher, ob sie wirklich dazu den letzten Stand noch im Kopf hat. Schweigend schlürft Jenny an ihrem Kaffee. „Darf ich fragen, wie es so läuft… mit dem Laden. Ich bin ja auch noch immer auf der Suche." „Welchen Laden meinst du? Das Second-hand-Ding lief viel zu schleppend, weil ich zu wenig Menschen kannte, die mir hätten interessante Sachen in den Laden stellen können. Geht halt nicht. Und jetzt diese veganen Klamotten. Ich schwör, das ist der Trend. Im Moment kann ich wöchentlich meine Lieferanten mit Hoffnung beruhigen. Alles andere als easy. Aber du haot doch diese tollen Kunden, für die du sogar herumreisen kannst. Was fragst du da nach mir?" „Bestimmt nicht, um mich an deinem Unglück zu weiden. Das bei mir ist auch nicht so rosig wie es ausschaut. Wenn ich nicht bald die Zahl meiner Follower verdreifache, bin ich ganz schnell weg vom Fenster. Das geht da knallhart. Und außerdem, wenn ich nicht für alles das vollste Herzblut heuchele, ist schnell Schluss."

Keine schöne Welt, die sich da auftut, obwohl doch beide hart an den angesagten Sachen dran sind.

Caroline konnte leicht erkennen, dass auch Jenny nicht unbedingt die lustigste Karte gezogen hatte. Aber eines war beiden gemeinsam: Sie stecken sich 100% in ihren Plan, tun viel dafür, aber manchmal glauben sie doch nicht so richtig daran. Und in diesem Falle sind das vor allem immer wieder die Kompromisse, die man mit dem, was Geld bringen könnte, vielleicht eingehen muss.

Rheinstrasse, Wiesbaden

Veggieworld. Was für eine Welt. Jung optimistisch, weiblich und schwer in eine Schublade zu bekommen. Für Jungvegetarier ist vegan eine Art Glaubensbekenntnis. Aus der Vergangenheit wurde ihr Lebensstil oft falsch eingeschätzt. Vegetarier alter Schule sind meist Anhänger der Vollwertküche: Bratlinge aus Schrot und Korn, kein Weißzucker, Vollkornprodukte. Jungveganer kennen längst die Welt veganer Fertigmahlzeiten, die ganzen hochtechnisch hergestellten Fleischersatzprodukte oder Riegel, natürlich auch veganes Eis, Genüsse die die Vegetarier alter Prägung auch niemals für nötig gehalten hätten. Was sie eint? Die Liebe zu vegan…. Aber die geheime Motivation?   Doch eher dein schöner Körper? Ach ja und die, die hier liebend gerne aufgenommen werden sind die, die sich dauerhaft vor Fleisch und Schlachten ekeln.

Das Verhältnis zum Tier – in Deutschland so ein sehr spezielles Kapitel. Die einen halten ihren Großstadt-Haushund auf engstem Raum, die anderen haben sowieso keine Vorstellung, wie man ein Tier schlachten könnte, aber unter dem Stichwort, wie „den Tieren soll es gut gehen" oder „ich liebe Tiere" feiert so manch irreale Tierliebe immer neu ihre Widergeburt. All das mischt sich da unter dem veganen Völkchen. Die Motivation Körper bildet eben verschiedene Schwerpunkte aus. Bei den einen endet das in der Muckibude mit regelmäßigem Work-out und Protein, bei den nächsten mehr bei den Apothekendrinks, die als Proteinshakes zumindest den Hunger einer Mahlzeit beenden sollen und dann schließlich bei den Bekennenden, die sich für die Verbesserung von Leben und Gesundheit eben mehr an die vegane Lehre klammern.

Zu solch einer Analyse hätten sich Jenny und Caroline kaum aufschwingen können. Sie merkten nur eine Art instinktives Unwohlsein. Da wurde ein Lebensstil propagiert, der auch nicht besser war als gebetsmühlenartig gepostete work-outs auf Instagram. Obwohl work-out ist immer noch eine Art Leistung. Und dazu diese komischen Verbandsmenschen, die jedem ungefragt vorrechnen, wieviel Prozent der Bevölkerung bereits Veganer sind und die bereit wären, in jeder Besucherzahl das Zehnfache der Realität zu sehen. Jenny und Caroline lassen sich auf das Treiben ein, beinahe wären sie nicht bei den Verganern, sondern auf der unmittelbar angrenzenden Gelände für Naturheilkunde, alternative Medizin und alternatives Leben. „Oh das waren die Oldies..-." erfuhr es Jenny. Die hab ich über meine Kunden kennengelernt. Sehr speziell." Im veganen Teil trifft man stattdessen viele der Allerjüngsten, begeistert, aber mit ziemlich wenig Ahnung im Detail. Sie bleiben bei einem Stand für vegetarische Brotaufstriche stehen. Die Produzentin, die ihnen ihre neuesten Kreationen vorstellt, könnte man nicht ohne Grund auf mindestens Fünfzig schätzen: Klein, drahtig und offenkundig seit mindestens zwanzig Jahren von der vegetarischen Ernährung überzeugt. „Früher haben wir vor allem an Reformhäuser geliefert, aber die nehmen uns heute nicht mehr genügend ab… Diese Kürbiscreme… lecker.. aber erst unsere neuen Kreationen mit roten Linsen oder die mit schwarzen Bohnen." Ja, lecker ist diese Welt schon. Caroline hat gelernt, dass man bei solchen Sachen immer genau auf die Zutaten schauen muss. Viele von denen sind Kalorienbomben. Diese eher nicht. Ein paar Stände weiter brutzelt vegetarischer Fleischersatz. Riecht alles ziemlich einheitlich. Und schmeckt nicht immer überzeugend. Sehr oft nicht mehr als Gummimasse mit Geschmack. „Ob so ein Besuch wirklich weiterführt?" Jedenfalls kann Caroline hier so richtig große Firmen, die eine Bloggerin auch wirklich gegen Geld engagieren würden, nicht entdecken.

Messerschmidtstrasse, Schwabing
Caroline hatte sich vorgenommen, ihren alten Klassenkameraden Kay zu treffen. Der ist inzwischen erfolgreich in der Computerbranche angekommen. Kurzes Studium, Auslandssemester und eingestiegen in das firmeneigene Traineeprogramm und, wie er selbst findet, „Glück gehabt". Kay trägt zwar keinen spießigen Bankeranzug, aber man kann seinem Jackett schon ansehen, dass es nicht günstig war.
Als er Caroline im Kaffee entdeckt, muss er lächeln. „Darf ich überhaupt noch Caro sagen? Ist ja schon eine kleine Weile her. Gut schaust du aus." Da war es wieder, sein jungenhaftes, leicht schelmisches Lächeln,

das sie schon aus der Schule kannte. „Und was machst du so?" kam die übliche Frage. Caroline musste provozieren. "Morgens trink ich einen Einspänner im Cafe, mittags lieg ich bei Sonne mit meinen Freundinnen im Park und ab und zu poste ich dann was, wenn mir was einfällt." „Ah geh und womit bezahlst du dann das Leben? Oder wohnst du günstig im Park?" „Nach so etwas suche noch." „Für mein Zimmer muss ich hier in München schon einiges hinlegen. Aber dafür kann ich ganz gut mit dem Fahrrad ins Büro. Und außerdem kann ich ja auch zwischendurch Homeoffice machen" „o k dann mache ich wohl immer Homeoffice", entfuhr es Caroline „Wieso, bist du selbstständig?" „So ähnlich, könnte man sagen." „Und was machst du dann?" „Ich versuch mich als Bloggerin…"

Und obwohl Carolin das gar nicht so geplant hatte, fing sie jetzt doch an, Kay über ihre aktuelle Lage zu informieren. „Ja, manchmal beneide ich so ein wenig Leute wie dich, die nach der Schule so einen geraden Weg gegangen sind." „Aber was du machst ist doch cool", gab Kay zurück. „Ja, cool, aber eben auch verdammt wackelig…" „Meinst du, unsere Jobs sind sicher? Da wird doch ständig was Richtung Osten oder nach Indien delegiert, verschoben, entsorgt und so und du weißt nie, ob´s vielleicht deine Abteilung als nächstes erwischt. Und glaubst du, dass die uns immer die Wahrheit sagen. Da müsstest du mal unseren Controller erleben. Ein Pokerface bei dem du nie weisst, was er demnächst zu erzählen hat." „Mit anderen Worten: da gibt es viel Schein?" „Oh ja, aber dahinter kommst du auch nicht gleich am ersten Tag. Und dummerweise gibt es auch für einen Job wie meinen nicht wirklich viel Auswahl. Und du weißt ja nie, welche Karte du ziehst. Vor vier Monaten hätte ich beinahe das Angebot für eine Stufe höher in London angenommen. Aber dann dachte ich mir: Brexit. Eher verdächtig. Das sind die Sachen bei uns…" Wenn Carolin ihn so hörte, dann hätte sie fast Mitleid bekommen können. Und dann beschlossen sie, solche Themen einfach auf sich beruhen zu lassen. Nachdem nun der Druck von „was machst du gerade?" raus war, wurde es ein ziemlich nettes Gespräch. Statt sich schnell auf den Bahnhof bringen zu lassen, ließ sich Carolin überreden das Angebot bei Kay auf der Couch anzunehmen und dann wurde es noch ein richtig netter Abend. Manchmal ist das Leben anders, als es auf den ersten Blick scheint und dann entdeckt man zwischen sehr unterschiedlichen Welten viel mehr Gemeinsamkeiten und außerdem musste sie feststellen, dass Kay eigentlich ziemlich nett ist.

Helgolandgade, Kopenhagen

Jan hatte es tatsächlich geschafft, die Redaktion davon zu überzeugen, eine Reportage über den Stand alternativen Stadtlebens zu machen. Und er hatte dazu versprochen, dass er dazu nicht nur nach Kristiania zum Kiffen fahren würde. So hatte er sich stilgerecht im Hotel Guldsmeden eingemietet, ein Biohotel in einer Metropole, die sich bereits zu gut 12 % mit Biolebensmitteln ernährt und deren Hintergründe er gerne näher ergründen würde.

Das Hotel bot dazu einen guten Einstieg. Die Ausstattung im Bad und für die Bettwäsche hochwertig und Bio, das Frühstück insbesondere für Vegetarier und Alternative eine Wonne: Bio-Schwarzbrot, Gemüsesticks und auch ein wirklich gutes Teeangebot.

Keine Strafe, hier zu übernachten. Die Menschen, die man am Empfang trifft, nicht hektisch und von Grund auf freundlich. Ein Platz, wie man ihn in einer Großstadt nicht unbedingt erwartet. Jan erfährt schnell, dass es inzwischen eine ganze Reihe von Dependenzen dieses Hotels in Kopenhagen gibt und dass vor allem junge Reisende dieses Angebot sehr schätzen. Guldsmeden hat übrigens nichts mit Goldschmied zu tun, sondern heißt Libelle und das ist auch das Logo der Guldsmeden Hotels, die es inzwischen auch in Oslo und Berlin gibt.

Und so lässt sich Jan gerne von der entspannten Atmosphäre der Umgebung anstecken, bringt auch noch einen dritten Becher Tee zum Ziehen und holt sich mit dem bunten Frühstückgeschirr noch ein paar Paprika- und Karottensticks. So kann man es aushalten.

Zum Mittag hat er dann eine Verabredung mit der landwirtschaftlichen Vereinigung, wo man ihm Zahlen und Hintergrundmaterial versprochen hat. Das ist immer gut, wenn man möglichst viel Hintergrundmaterial von offizieller Seite ergattern kann. In Dänemark hat man sehr früh begriffen, dass das Land keine Zukunftschancen mehr hat, wenn man die eigene Natur aus dem Gleichgewicht bringt. Aus diesem Grund werden Bioanbau, Gewässerschutz und Umweltschutz entsprechend entschieden gefördert und vorangebracht. Vor allem in den öffentlichen Kantinen, in der Schulverpflegung und sozialen Einrichtungen wird konsequent der Bioanteil ausgebaut. Und auch wie das funktioniert, will er sich außerhalb der Stadt noch anschauen. Immerhin zahlt die mit Abstand größte Molkerei, Arla, ein Player von Weltrang mit Landwirten in Schweden, Dänemark und Deutschland Milchpreise, von denen Landwirte anderenorts nur träumen können. Letzteres freilich auch ab und zu nicht ganz freiwillig. Der zum Frühstück konsumierte Hafer des Landes in Flocken und Müslis ist seit geraumer Zeit zu einem Drittel Bioqualität. In mancherlei Hinsicht ein erstaunliches Land. Jan hatte sich vorgenommen, sich dazu nicht nur Zahlen zu besorgen. Dafür hätte man kaum reisen müssen. Er wollte wenigstens an einigen Stellen die Hintergründe anfassbar und verständlich machen und – wo möglich – wenigstens etwas überprüfen.

Aber jetzt wird es Zeit. Die offizielle Stelle, die sich mit Landwirtschaft und Lebensmitteln beschäftigt, wartet auf ihn. Der Weg dahin ist nur gut zehn Minuten – gleich jenseits des Bahnhofs, der allerdings für einen Hauptbahnhof einen ziemlich regionalen bis lokalen Eindruck vermittelt.

Sørisvej, Ølstykke

Der blonde Jan. Er ist Landwirt. Sein Betrieb würde an anderen Orten als Gartenbaubetrieb bezeichnet, weil er in seinem Betrieb vor allem Gemüse anbaut. Dafür wiederum ist sein Betrieb schon wieder ziemlich groß. Er liegt nördlich von Kopenhagen und erweist sich heute als ideal, die Hauptstadt mit Gemüse zu versorgen. Natürlich baut er auch das Spitzenprodukt für den Biomarkt an, Bio-Karotten. Und die werden bei ihm, wie einige wenige andere Gemüse, auch gleich in einem Nebengebäude des Hofs gereinigt und verpackt. Die Karotten erntet man in dieser Gegend übrigens deutlich später als in Holland, weil es abseits der milderen Landstriche direkt an der Ostsee schon generell kühler ist. Manchmal, so erzählt er, kann man sogar im Herbst das kalte Grundwasser zur Schädlingsbekämpfung nutzen.

Natürlich baut er in seinem Betrieb auch die inzwischen sehr beliebte Sorte der rot-weiß geringelten Art von Rote Bete an oder Purpur-Karotten, von denen man sagt, dass sie die älteste Sorte dieser Spezies seien. Ansonsten sind seine Felder für Landwirte, die an größere Flächen gewohnt sind, etwas ungewöhnlich. Solange es das Klima zulässt, baut er beispielsweise jeweils eine Reihe von Kohlsorten und anderem Gemüse in kleinen Schlägen von wenigen Reihen an. „Das machen wir für die Gastronomie. Wir bauen im Abstand von Wochen diese Auswahl neu an, so dass wir für die Gastronomie immer ein frisches Angebot haben." Also nicht wie am Niederrhein, wo Kohl meist auf riesigen Feldern rationell auf einmal abgeerntet wird und danach in die Weiterverarbeitung kommt. So werden viele seiner Felder bewusst abseits der klassischen Rationalität des Massenanbaus organisiert. In seinem kleinen Hofladen erkennt man schnell, dass er zur Abdeckung seines Sortiments auch mit anderen Landwirten in Dänemark, aber auch in Holland zusammenarbeitet. Lauch und Rhabarber bezieht er von einem vom Klimas sehr verwöhnten Betrieb auf Fünen. Man kennt sich seit Jahrzehnten und Tomaten aus den Niederlanden. Deren Anbau wäre vor Ort einfach sehr aufwändig.

„Mit den Handelsketten arbeiten wir inzwischen sehr gut und eng zusammen. Das war in den ersten Anfängen nicht immer so. Aber inzwischen haben die begriffen, dass sie das, was sie brauchen und möchten nur dann bekommen, wenn sie sich direkt mit den Landwirten absprechen. Für uns hat das viele Vorteile. Wir produzieren nicht für einen namenlosen Markt, sondern direkt für unsere Abnehmer. Also nur, wenn wir wirklich eine totale Überproduktion aus einer Ernte haben, müssen wir uns um den Verkauf kümmern." Das erscheint generell praktisch. So bleiben die Wege unter 100 km und die sind eben schnell zu meistern. Das Gemüse kommt damit wesentlich schneller als sonst in die Regale, behält dadurch mehr Vitamine, weil es deutlich frischer zum Verbraucher kommt. Und in Kopenhagen erreicht man ja schon nahezu die Hälfte aller Dänen. Solche Schilderungen reizen förmlich zur Überprüfung. Manches klingt wie im Märchen, also zu schön um wahr zu sein. Aber das will der Schreiber Jan ja später noch mit Hilfe seiner Connection in den Handel näher untersuchen. Wenn man sich anschaut, wie die Menschen hier leben, spricht vieles dafür. Und während man ja in einer Großstadt wie Kopenhagen vielleicht nicht unterscheiden kann „was gibt es hier vor allem für die Touristen? Und was für Einheimische?" Hier abseits des Zentrums kommt die Wahrheit schon besser heraus. Zum Beispiel daran, was hier auf den Tisch kommt, wenn man einen kleinen Imbiss anbietet. Neben dem, was Biohotels gerne anbieten, kommt gerne eingelegter Hering auf den Tisch – sehr lecker. Und ähnlich wie im Hotel ein ziemlich leckerer Biokäse. Der kommt meist aus einer Biokäserei am Limfjord, Thise. Den Namen hört man bei Biokäse öfters. Biokäse scheint in Dänemark nicht zu teuer zu sein, allenfalls wie in Amsterdam ein belegener Gouda und für Jan schmeckt der dänische Käse ausgesprochen lecker, obwohl ja leider nicht vegan.

Vesterbrogade, Kopenhagen

Für Kenner ist Vesterbro ein In-Stadtteil. Vom Hotel aus in der Vesterbrogade sieht man das noch nicht so klar. Aber, wenn man dann die Lebensader entlang flaniert, dann sieht man die dort inzwischen angesiedelten Guldsmeden-Hotels und – je weiter man kommt – Bars und Burger-Angebote. Ob Burger ein Fortschritt sind? Jedenfalls sind sie bei dem jüngeren Publikum mehr als beliebt. Das kennt Jan ja schon bestens aus Amsterdam.

Er holt Hendrik an seinem Arbeitsplatz ab, einem Irma-Markt an der Vesterbrogade. Ein – zumindest im Inneren – sehr ansprechender moderner Markt mit viel Bio-Frische, einem hochwertigen Wurst- und Fleischangebot und vor allem vielen Delikatessen und dort durchaus einem holländischen Biomarkt vergleichbar. Lebensmittel sind in Dänemark ja eigentlich teuer, weil sie mit 25% Mehrwertsteuer belegt sind. Dafür hat das Biogemüse freilich zivile Preise. Biomärkte wie in Holland oder Frankreich sucht man in Dänemark weitgehend vergebens. Das regelt in Dänemark der normale Lebensmitteleinzelhandel. Selbst der gelbe Discounter Netto mit dem Hund bietet ein mehr als respektables Bioangebot. Und Irma ist eine kleine Kette mit rund hundert Geschäften nur in Kopenhagen und Teil der dänischen Coop-Kette. Wenn man in einen Supermarkt kommt, sieht man das Trendthema Burger noch aus einer anderen Perspektive. Neben Biohackfleisch kann man das für Burger nötige Hackfleisch in mindestens drei Fettanteilsstufen kaufen. Transparent und ernährungsbewusst.

„Guck dich schon mal ein wenig um", vertröstete Hendrik, „ich brauch noch eine Viertelstunde." Die

Arbeit im Supermarkt ist eben lang. Und außerdem müssen sich spätere Führungskräfte dort um alle Details kümmern, vom Zustand der Frische bis zu kleinen Kundenanfragen. Aber Jan hatte ohnehin genug zu sehen, denn in Dänemark ist das Thema Bio die Sache der Handelsketten und insofern musste er sich erst einmal in diesen Zustand einfinden. In einem kleineren Supermarkt konnte man die typischen Unterschiede zu den Nachbarländern nicht so krass bemerken: Dänen kaufen gerne für den täglichen Bedarf in großem Stil ein: Käse, Butter, tiefgefrorene Brötchen werden in vor allem von Verbrauchermärkten beeindruckenden Abpackungen angeboten. Im Unterschied zu den deutschen Nachbarn schreckt sie dann der entsprechend hohe Preis in keiner Weise. Und so konnte Jan in der Zwischenzeit die Gewohnheit der immer noch in den Markt tröpfelnden überwiegend jüngeren Kunden gut studieren. „In Sachen Geschmack kann nach dem ersten Überblick ein Irma mit einem Marqt in Amsterdam durchaus mithalten", stellte Jan für sich fest.

Ein-herz-fuer-bio.org
Bio-Beispiele: Kopenhagen und die Supermarktkette Irma
In Kopenhagen waren die Einwohner schon seit einigen Jahren bei einem Bio.k.onsum von rund 10%. Anders als in Deutschland ist Bio breit und regional aufgestellt und ich weiß, dass man das in Deutschland gleich wieder falsch verstehen wird: Breit heißt: es gibt Bio auch immer mehr in Hotels und in der Gastronomie, aber eben auch in einer sehr speziellen Supermarktkette wie Irma und regional heißt, dass man

im Umfeld der Hauptstadt mittlere, aber sehr leistungsfähige Lieferanten im Bioanbau und in der Verarbeitung hat, die eine solche Entwicklung auch gut darstellen können und dass Bio hier nicht eine Anfrage besonderer Beschwörungen ist, dass es hier besser gemacht wird als dort. Vielleicht ein Vorteil: Man hat in Dänemark sowieso und in Bio aber auch ein sehr positives Verhältnis zur eigenen Nation. So wie man die Flagge ohne falschen Patriotismus mag, findet man das eigene Bio gut. Und Qualität und Geschmack sprechen nun einmal nicht dagegen

Irma war für Bio im Supermarkt ein Vorreiter, nicht immer leicht und nicht immer nur erfolgreich, aber mit einer klar wachsenden Tendenz. An dem Frischeangebot nehmen sich hier selbst Discounter ein Beispiel, aber in Sachen Qualität ist Irma einfach besonders gut. Eines der Geheimnisse mag auch daran liegen, dass man die Bio-Lieferanten in den letzten Jahren beständig entwickelt hat und dass es da eine langjährige Zusammenarbeit gibt. Irma ist in Sachen Handel zwar besonders, aber Teil von Coop und insofern in eine größere Kette eingebunden und kein Einzelkämpfer.

Was einem hier noch auffällt? Auch Kopenhagen ist in Sachen Ernährung in den letzten Jahren noch wieder internationaler geworden. Immer mehr von dieser jungen Bürgerkultur, auch ja und auch noch immer mehr Fahrräder, aber dies sehr gut organisiert und keineswegs so chaotisch wie in anderen Metropolen. Ja und noch etwas: die einst klein begonnene Hotelkette Guldsmeden weist bereits 11 Biohotels auf und erfreut sich großer Akzeptanz. Vor 8 Jahren waren diese Hotels auch für Dänen eher noch ungewohnt.

Freundsgade, Kopenhagen

Aus praktischen Gründen nahm Hendrik Jan erst einmal mit in sein kleines Apartment. Die Straßen in diesem Areal nahe der Vesterbrogade sahen anders aus als typische Großstadt: Kleine Sträßchen in zweigeschossiger Reihenhausbebauung mit rotem Backstein. Vor den Häuschen gemütliche Sitzplätze und Unmengen an Fahrrädern und Rollern, Dreirädern und mehr, darunter auch diese typischen Lastenfahrräder, die es auch in Amsterdam gibt. Man schiebt alles, was man mitnehmen will – ob nun bis zu zwei Kinder, einen Freund oder die Einkäufe – in einer Konstruktion im vorderen Teil des Rades vor dem Lenker.

„Ich muss mich eben mal nach dem Markt kurz umstylen. Setz dich doch einfach mit einem Schluck Wein auf unsere Terrasse." Das war bei dem milden Wetter eine gute Idee. Der Hinterhof war zwar mit Holzdielen ausgestattet, bot er aber eine mediterran anmutende Bepflanzung mit Feigen und Bäumchen und von allen Ecken hörte man das vorabendliche Freiluftleben der Nachbarn. Hier ließ man es sich sichtlich gut gehen.

„Wollen wir einen Burger?" versicherte sich Hendrik und dann machten sie sich auch schon auf. Vor einem kleinen arabisch geführten Kiosk fragte Hendrik Jan nach seinen Wünschen. „Lass uns ihm ruhig zugucken. Er macht alles frisch, backt das Brötchen selbst, brät das Fleisch und belegt alles mit frischen Zutaten. Das Dressing gibt´s nach Wunsch." Die Burger brauchen zwar etwas Geduld, aber der Geschmack entschädigt in jeder Hinsicht für Wartezeit und Geduld. Ansonsten gemütliche Vorstadtidylle knapp eine halbe Stunde vom

Stadtzentrum entfernt. Die beiden machten es sich vor dem Kiosk bequem. „Hier kann man´s aushalten", stellte Jan fest, „auch wenn mir der Grachtengürtel schon fehlen würde." „Nun -. So etwas Ähnliches haben wir dann in größer in Christianshavn. Du hast ja sicher von Christiania gehört. Das Leben dort ist bestimmt nicht schlecht. Für mich im Moment etwas unpraktisch. Hier bin ich in gut fünf Minuten bei der Arbeit und habe auch alles in der Nähe." „Oh je, hab ich beinah vergessen. Der leckere Burger war nun alles andere als vegan, hat aber super geschmeckt", musste Jan zugeben, „gut, dass keine von den entsprechenden Frauen jetzt da ist, die mich jetzt für mit Gluten und Fleisch kontaminiert halten. Aber es schmeckt zwischendurch einfach toll."

In solcher Beziehung steht Dänemark noch manches bevor. „Jetzt fängt auch bei uns der Einkauf an und sucht nach diesen Fleischersatzsachen. Bis jetzt sind bei uns vegetarisch Burger eher noch mit einer Art Gemüse-Rösti gefüllt. Diese industriell hergestellten Fleischstrukturen, wie man sie in Holland, Belgien, Deutschland kennt, sind erst noch in Vorbereitung. Wir haben gerade erst die ersten beiden Böden solcher Angebote im Frischeregal." „Oh je, ich muss aufpassen, was ich sage und schreibe. Würde ich Mette den Burger beichten, sie würde mich erst einmal vierzehn Tage weder anfassen noch küssen." „Bei uns ist das nicht ganz so krass: Die Einstellung zu Tieren ist etwas weniger emotional. Wenigstens nicht so belastet. Die Landwirtschaft hat in Dänemark immer noch einen besseren Ruf. Die Art wie Eier, Milch und Fleisch produziert werden, wird nicht – wie etwa teilweise in Deutschland – per se als Verbrechen gesehen." Und so konnten sich die beiden Jungs einen gemütlichen

Männerabend in Vesterbro machen mit dem einen oder anderen leckeren Bier, wovon die Dänen ja nachweislich etwas verstehen. „Gut, dass ich einen Artikel und keine Blogs zu meinem Trip schreiben soll. Sonst würden meine spontanen Eindrücke vermutlich etwas angreifbar – zumindest bei einigen." Also besser auch nichts davon direkt bei Instagram posten. Damit könnte man sich leicht disqualifizieren. Es war ja schon schlimm genug, wenn man an solchen Tagen auf das Workout gänzlich verzichtete. Aber vielleicht würde er sich ja für den nächsten Tag ein Fahrrad nehmen. Schließlich ist das hier die angesagte Fortbewegung. Und vor allem, der Fluss der Fahrräder läuft hier deutlich entspannter als in Amsterdam. „Wenn du darüber stolperst, dann solltest du unbedingt mal ein paar unserer neuen Gemüse-Spezialitäten probieren.

Dänisches Gemüse, mariniert im Geist der neuen nordischen Küche

Bio-Rote Bete, leicht und natürlich wegen der Farbe, extra in Apfelsaft angedünstet, einige Rüben unterschiedlicher Sorte vorbehandelt, ein paar gelbe Karotten sowie ein paar dünne Stängel Bio-Lauch.

Das Gemüse mit einer Marinade aus Senf, Rübensaft, Rapsöl sowie Kräutersalz gut durchmischen und alles zusammen in einer feuerfesten Form kurz auf Temperatur bringen und dann servieren.

Messerschmittstrasse, München-Schwabing
Caroline, ich hoffe du benutzt den Messenger. Seit deinem Besuch in München, gehst du mir nicht aus dem Kopf. Ich weiß schon, dass wir etwas unterschiedlich sind, aber ich würde dich gerne bald wiedersehen. Es klingt hyperromantisch, wenn ich dir sage, dass ich dir überallhin folgen würde. Nur, wenn du es willst – kein Stalker oder so. Du hast ja im Moment den Vorteil, dass du dich frei bewegen kannst, aber ich würde mir jederzeit freinehmen. Die einzige feste Bindung, die ich im Moment habe ist mein Job. Vielleicht kannst du das nachvollziehen. Ich habe gar nicht gewusst, wie wichtig mir diese Sensibilität werden könnte, die du hast. Das finde ich in meinem Umfeld nicht. Und ich weiß auch, dass ich dich im Grund erst einmal kennenlernen sollte. Das Früher ist Schnee von vorgestern. Eine kurze Message kann gar nicht all das fassen, was ich Dir noch erzählen würde. Kay

Zieglergasse, Wien
Hallo Kay, lieb, dass du mir so schreibst… Du weißt, dass es nicht ganz unproblematisch ist, an alte Kontakte so anknüpfen zu wollen. Unsere Welten haben sich seitdem vermutlich ganz schön weiterentwickelt. Es ist gut beobachtet, dass man sich – wenn überhaupt – im Jetzt neu kennenlernen kann. Der Kopf will sich nicht so schnell überrumpeln lassen, aber der Bauch gibt der Idee eine Chance. Und nicht nur in diesem Fall folge ich lieber dem Bauch. Dein Glück. Aber der ist auch manchmal sehr eigenwillig und reagiert manchmal auf einen Kontakt auch durchaus wie auf Gluten, Lactose, Haselnuss und Sesam in einem. Der Kopf möchte, dass ich dich lieber etwas vorwarne. Also gut, wenn ich ein halbwegs günstiges

Ticket ergattere, dann mache ich jetzt eíne Vorreservierung für mindestens zwei lange Spaziergänge im englischen Garten, einmal Viktualienmarkt, einmal Cafe Rischart – mehr darf der Bauch bestimmt nicht - und mindestens eine Stunde Stöbern bei Beck am Rathauseck. Das waren die Dinge, die mir eine Freundin so als Essenz aufzählen konnte. Bussi Caroline – ich üb schon mal.
PS
Ich hänge noch ein Rezept für mein neuestes Lieblingsbrot an. Klar, wo ich herkomme, ist ein Kürbisbrot mit lauter guten Zutaten:
Bio-Dinkelmehl, Bio-Kürbisprotein und Kerne, Bohnenprotein, Bio-Dinkelmehl, Meersalz, Trockenhefe Das werde ich für uns backen. Ich meine, ich hab bei dir doch einen Backofen gesehen. Sonst kannst du dir ja einen leihen. Meinen mitzubringen wäre etwas schwer. Hahahahaha

Carolines Bio-Kürbisprotein-Brot

Dazu muss man wissen, dass dies ein ganz anderes Brot wird, als man es kennt: Keine typisch knusprige Kruste und ein etwas saftigerer Inhalt. Grundsätzlich lassen sich in Brote dieses Typs bis zu 30% Proteinzutat einarbeiten.

Man nehme 60 g Kürbisprotein, 30 g hochprozentiges Bohnenprotein, 240 g Dinkelmehl, 50 g Kürbiskerne, Meersalz und Trockenhefe, vermische alles und gebe etwa 400 ml Wasser hinzu, was man langsam in die Masse einarbeitet (ggf die Menge nachsteuern) bis es eine zähflüssige Masse gibt. Die wird am besten in einer mit

Backpapier ausgeschlagenen Form bei etwa 180° Umluft im Backofen eine gute Stunde gebacken.

Willemstrat, Amsterdam
Mette hat Kürbissuppe gemacht. Frisch gekocht mit Fleischersatz, mit vegetarischer Creme Fraiche angereichert und Bio-Petersilie und wer mag kann einen Reiskeks dazu essen. Alles vegan. Der Pfefferkürbis gibt einen noch etwas feineren Geschmack als ein Hokaido-Kürbis und lässt sich im Backofen - mit etwas Öl bestrichen und gewürzt - zu einem köstlichen Röstgemüse verarbeiten. Da Jan selbst keine große Küche hat, ist er froh, dass er bei Mette alle diese Köstlichkeiten ausprobieren und umsetzen kann.

Allerdings darf er Mette besser nicht erzählen, wie lecker er diese leckeren französischen Bio-Baguettes findet, die er neulich bei einer Recherche in Luxemburg kennenlernte. Ein Traum. Da gibt es eine Großbäckerei, in der Brötchen und Brote ganz auf die alte Art gefertigt werden: Viel Handkneten, wenig Maschine, keine automatislerte Anlage. Dei etwa 24° der Wohlfühltemperatur für Teig - werden Brote und Brötchen von Hand gefertigt. Der Inhaber setzt auch langes Garen der Teige, wenig Hefe und ganz wenige Zusätze außer Mehl, Wasser und Salz. Er schwört darauf, dass man seine Brote auch bei der heute weit verbreiteten Glutenunverträglichkeit gut verträgt. Bei schwerem Befund sollte man sicherheitshalber verzichten. Aber die lange Gare und die Herstellung nach Slow-Baking-Weise sorgen dafür, dass Menschen mit einer sonst sehr magenunfreundlichen

Glutenabwehr dieses Brot gut vertragen. Und wie das riecht und wie es erst schmeckt. Wirklich traumhaft. Eben ein Traditionsbrot. Wie die Firma sich nennt „Brot und Tradition". Aber da weiss Jan schon, dass er besser erst gar nicht davon anfängt. An solchen Punkten ist Mette radikal und wenn sie wüsste, dass Jan erst neulich davon wieder genüsslich genascht hat, würde sie ihn bestimmt nicht küssen, sondern zu einem Reinigungsritual schicken, um das schlechte Karma seiner Glutenverunreinigung auszutreiben. Also ließ er es lieber. Nachher gönnten sie sich noch einen Kaffee mit der neuen veganen Spezialmilch für echten Wie-Milch-Schaum. Auch der ist lecker. Das schmeckt auch Jan. „Und, wie war Kopenhagen? Du bist irgendwie anders. Hast du jemand kennengelernt?", wollte Mette wissen. „Ach du. Es war interessant, aber dieses Herumgurken zehrt an einem. Schließlich muss ich innerhalb der gebuchten Zeit alle Informationen zusammenbekommen, möglichst noch ein paar nette Fotos machen. Alles um die Kosten der Redaktion schön klein zu halten. Und die Frauen sind sowieso eher speziell. Aber genau kann ich es dir auch nicht sagen. Hab nämlich wenige getroffen und kennenglernt schon gar nicht. Aber auf der anderen Seite, es war schön dort, aber wir haben es hier schon verdammt nett. Und außerdem kann ich leider immer noch kein Dänisch. Dann wäre manches besser. Die Arbeitszeiten, was man dafür verdient, diese ganzen Annehmlichkeiten, die man sich dort gönnt…" Die beiden waren gerade nach vorn an die Brouwersgracht mit ihren Kaffeebechern geschlendert, um noch etwas mehr von der Sonne abzubekommen. „Hier kann man es nicht nur aushalten, man versteht sich auch besser." Jan nahm Mette in den Arm. Bei allen Unterschieden ein gutes Gefühl. Ein paar kleine Geheimnisse und Kompromisse sind da erlaubt. Und außerdem, weder im Jordaan noch in Holland ist man wirklich dogmatisch – außer bei sehr speziellen Menschen. Das ist – wie Jan schon manchmal gehört hat – in weit größeren Kreisen wohl eher in Deutschland der Fall.

Mettes Kürbisrezepte

Als Basis für Gemüsesnacks eignet sich der Pfefferkürbis besonders gut, weil sein Fleisch in der Regel nicht zu fest ist. Die einfache Snackzubereitung funktioniert im Backofen.

Man schneidet aus dem Fleisch des Kürbis, nach dem man Kerne und alle weichen Elemente aus dem Inneren mit einem Löffel herausgeschält hat, 2 – 3 cm hohe Stücke, die man auf Backpapier legt, mit Rapsöl bestreicht und danach mit Kräutersalz würzt und bei 220 Grad mit Umluft backt, bis sie anfangen, knusprig zu werden. Das sind Snacks, die man vor allem aus Vierteln oder Achteln von großen Exemplaren gut anrichten kann.

Ergattert man einen kleineren Kürbis, kann man ihn auch gut zum Füllen benutzen.

Den Deckel auf einer Höhe von etwa zwei Dritteln des Kürbis abschneiden. Aus dem Inneren entfernt man immer zunächst alle Kerne (gereinigt und getrocknet kann man die wunderbar mit etwas Öl rösten, schmecken klasse.) . Definitiv nicht gebrauchen kann man alle weichen Partien aus dem Inneren. Aus dem oberen Teil schneidet man ein paar Würfel von Kürbisfleissch heraus, die man wie die oben beschriebenen Snacks kräftig röstet. Die Füllung bereitet man statt - sonst genommen - aus einer Mischung aus kleinen Fetawürfeln, wenn man vegan bleiben möchte, lieber aus lactofermentiertem Soja, dazu gibt man Kapern, gewürfeltes gehäutetes Tomatenfleisch (keine Kerne, nur das Feste) sowie frische Spinatblätter. Als Würze etwas Öl, Muskat, Kräutersalz und Pfeffer und gerne auch angeröstete Kürbiskerne. Dazu oben drauf die vorgerösteten Snacks.

Alles in den Backofen bei 200 Grad mit Umluft 30 – 40 Minuten je nach Größe auch noch etwas mehr durchgaren.

Mausanne-les-Alpilles

Benny hat es zumindest teilweise gut. Diese journalistischen Fotojobs machen zwar nicht reich, aber sie sind nett und vor allem eine nette Abwechslung. Die Redaktion der Gourmet-Zeitschrift will kleine Ölmühlen porträtieren. Schließlich sind Olivenöle aus der nördlichen Provence besonders. Sie stammen aus einem der nördlichsten Anbaugebiete für Oliven und haben von daher ganz andere Eigenschaften in Geschmack, Geruch und Farbe: etwas herber und für den, der es schätzt, mit einem ausgeprägteren Aroma als sommerlich-leicht wirkende Verwandte aus dem Süden. Während eine traditionelle Ölmühle mit ihren Mahlsteinen doch eine eher raumgreifende Technik besitzt, sind die modernen Mühlen ganz anders. Und gerade für die kalt-gepressten und Bioöle, bei denen keine Chemie zum Einsatz kommt, ist die moderne Technik überschaubar. Noch kleiner können Schneckenpressen für Nussöle sein. Das musste sich Benny besser vorsorglich im Internet anschauen, weil er ja sonst bei seinen Fotos unliebsame Überraschungen erleben könnte. Da ist so ein antikes Mahlwerk viel fotogener.

Jeder Besuch einer kleinen Ölmühle beginnt gerne vor den schicken Stahltanks, in denen unterschiedliche ausgebaute Qualitäten lagern, die man den Kunden zur Degustation vorstellt. Die junge Frau des Hauses erklärt die unterschiedlichen Lagen und das Alter der Plantagen. Hier sind die Frauen für Marketing und Verkauf zuständig, die Männer für die Technik und den Maschinenpark. Da kann man auf gute Bilder hoffen. Und natürlich werden auch noch die klassischen französischen Tapenaden aus Oliven hergestellt. Die sind typisch für die Region. Benny leuchtet den nicht allzu geräumigen Platz etwas mit mitgebrachtem Licht aus und nimmt all die spontanen Dinge der ersten Vorstellung mit. Natürlich darf man auch Bilder von dem alten Mahlwerk machen. Die werden sorgfältig ausgeleuchtet, während man für die moderne Mühle eher mit einigen interessanten Ausschnitten herangeht. Und dann nehmen sie noch ein spontanes kleines Vesper mit, dass sich aus der Verkostung gerade entwickelt. Einige Kunden kamen noch hinzu. Das passt. Genau, Fotograf und Redaktion können zufrieden sein. Alles Wichtige ist im Kasten. Dann kommt noch ein wenig Kür: knorrige alte Olivenbäume mal mehr aus der Nähe. Ein paar Totalansichten mit Landschaft, Impressionen aus dem typisch provençalischen kleinen Ort. Wenn man schon mal da ist…. Da nimmt man auch so etwas mit, solange das Licht stimmt. Und das wird natürlich gegen Abend noch einmal besser. Danach sichert Benny erst einmal sorgfältig die Schätze des Tages auf seinem Rechner. Der erste Eindruck ist gut, aber die Details werden dann in Ruhe im Studio nachgearbeitet.

Zum Abend sind sie dann schnell noch einmal in einem gemütlichen Restaurant gelandet, das einer der Redakteure sich bereits im Vorwege ausgeguckt hatte. „Heute gibt es Bioweine aus der Region von Saint Remy. Wir starten mit einem Cuvée aus der Domaine des Terres Blanches. Ein ehrliches Weingut hier um die Ecke unterhalb der Alpilles. Und danach habe ich etwas Besonderes bestellt. Château Romanin 2014. Der dürfte gut sein nach diesem Tag." Eben alles typisch Provence und - stimmig. Redaktionsassistentin Anna beteiligt sich beim Wein nicht. „Ich hab eine kleinen Tablettenkur. Da darf ich eigentlich überhaupt keinen Wein", entschuldigt sie sich, „aber der ist bestimmt eine Sünde wert."

Und für Benny läuft so ein entspannter Abend auch gut. Er zeigt einmal erste Bilder als Vorschau und wird gleich gefragt, ob er vielleicht zu einem ähnlichen Projekt Lust hätte. „Wir wollen uns eine Steinmühle für Mehl anschauen und besuchen da noch ein Brotfestival. Das ist auf Alsen, also gleich hinter der deutschen Grenze in Dänemark." Natürlich ist Benny interessiert. Sicher etwas anders als jetzt, aber ein Brotfestival gibt Aussicht auf Bilder.

Messerschmittstrasse, München-Schwabing
Als Caroline bei Kay vor der Tür steht, muss der sich
erst einmal nicht anmerken lassen, wie verwundert er
bei ihrem Anblick ist. Natürlich hatte sie sich
angekündigt. Aber damit hatt er nun nicht gerechnet:
Ein überdimensionaler Rucksack macht Caroline fast
unerkennbar, wenn man sie von der falschen Seite
sieht. Dazu noch eine nicht minder kleine Reisetasche
und noch eine Jutetasche. „ich hab alles für die Küche
dabei" und dann fällt ihr doch noch ein, dass sie
vielleicht zunächst einmal Kai begrüßen sollte. Der war
nämlich extra für ihre Ankunft für eine verlängerte
Mittagspause aus dem Büro gekommen. „Mach Dir
keine Sorge wegen mir und meinem Gepäck. Wenn du
heute Abend heimkommst, herrscht Ordnung. Ganz
bestimmt." Was blieb Kay auch anders übrig, als dem
zu glauben und Caroline und die kleine Wohnung dem
Schicksal zu überlassen.
Caroline hatte generalstabsmäßig vorgesorgt. Eine
fertige glutenfreie und vegane Brotbackmischung mit in
der Backform schon fast fertig für den Backofen.
Mehrere Gläser mit entsprechenden handgemachten
passenden Aufstrichen für den Kühlschrank und eine
ganze Auswahl von Spezialprodukten, von denen sie
wohl zu Recht vermuten würde, dass sie sie bei Kay
nicht automatisch vorfinden würde.
Und während dann das Brot im Backofen langsam vor
sich hin gebacken wurde, machte sich Caroline an die
für den Abend von ihr vorgesehene Quinoa-Hirse-
Pfanne. Gott sei Dank gab es heute in modernen Bio-
Supermärkten alles, was man dazu braucht.

Carolines Quinoa-Hirse-Pfanne

Erst einmal wurde jeweils Quinoa und Hirse in einer Brühe noch etwas knackig gedünstet. Geschmack kommt dann durch frisches Gemüse, :wie etwa einige Spitzpaprikaschoten, ein paar Stangen Staudensellerie, Zwiebeln, Koblauch, Pepperoni, eine Zucchini und Tomaten, für die Würze noch Aivar Ko.k.osöl und Limettensaft sowie Meersalz, Pfeffer, Kurkuma und gemahlener Kümmel. Zum Schluss sind noch etwas angeröstete gehackte Cashewkerne vorgesehen und etwas Petersilie.

Als Kay nach Hause kommt, verbreitet der erste Eindruck den Geist einer fleißigen Küchenkraft. Ungewohnt in dieser Umgebung. Kay muss zugeben, dass er eher ein Anhänger der schnellen und bequemen Küche ist. Das zum Beispiel schnell gegrillte Steaks oder Schnitzel mit einem fertigen Salat, vielleicht auch nur die Fertigpizza von UmdieEcke durchaus ohne den Salat dazu. Und er ahnt natürlich, dass Caroline das bestimmt nicht billigen wird. Was tun? Ihr Engagement jetzt schlechtreden? Sich stur stellen? Oder eher verständnisbemüht nachfragen? Er entscheidet sich für das letztere und bekommt eine ausführliche Erklärung. „Also weißt du, was in meinem Körper los ist, wenn er Weißmehl auch mit einem Stäubchen bekommt? Alles rumort, man findet mich für Stunden mit Krämpfen und nahe der Toilette." O je, das will Kay nun wirklich nicht erleben. „Und reagiert dein Körper dann ähnlich auf Fleisch? Also ich meine, wenn er Fleisch zum Essen sieht?" „Das sind wohl eher Kopf und Herz. Die sehen, wie Tiere dafür leiden müssen, dass hier viel zu viel und viel zu billiges Fleisch auf den Tisch kommt. Nein, mir wird nicht schlecht wie manchen Teenagern, die dann auch richtig würgen müssen und deshalb schon von Haus aus kein Fleisch sehen und vertragen würden. Aber ich habe mich dagegen entschieden. Ich lebe sehr gut ohne. Du wirst sehen, dass es schmeckt und dass du bei solchem Essen auch nicht hungern musst." Natürlich wollte Kay nicht bereits den ersten Abend verderben und so nahm er diese Erklärungen entsprechend verständnisvoll auf. „Und meinst du," traute er sich dann nach einiger Zeit zu fragen „dürften wir dazu vielleicht einen Wein trinken?" „Zeig doch mal die Flasche. Sicher vegan ist der nicht. Zumindest steht es nicht drauf..." „Wieso, kann Wein auch mit Tierprodukten gemacht werden?" „Leider ja", gab Caroline ernsthaft zurück, „da wird nämliche Gelatine zum klären des Weins benutzt. Aber ich will für heute nicht so sein. Wir sehen mal, ob er uns vielleicht doch schmeckt..." Das schien ein durchaus versöhnliches Angebot und so freundete sich Kay mit den unerwartet in seiner Wohnung aufgetauchten Genussen an. Der Rest des Abends war dann doch mehr den Gemeinsamkeiten und auch älteren Zeiten gewidmet und als es ans Schlafen gehen sollte, kuschelte sich Caroline an Kay „Mir ist so kalt..." Das ist so eine Regung, die nur in seltenen Fällen beim Ankuscheln bleibt. Aber das wollten sie wahrscheinlich auch beide so.

Erbprinzenstraße, Karlsruhe

Benny ist bei Kunden grundsätzlich eher gutmütig. Und da er ja mit seinem Gepäck nur im Auto zurückfahren kann, nimmt er auch noch gerne die neue Redaktionsassistentin Anna mit, die sich unterwegs noch eine Ausstellung anschauen möchte. Die Gesellschaft erweist sich als durchaus kurzweilig. „ich muss nämlich unbedingt diese Ausstellung über die Eiszeit angucken, damit ich die Oldies in der Redaktion etwas besser verstehe." „Was meinst du damit?" „Vielleicht verstehe ich da einige der Dinos besser, die ansonsten ihrem Saint Estephe 1988, den 36 monatigen Comté-Käse, Trüffel, Foie Gras und den Austern dazu huldigen.

Und könnte auch gut ohne." „Na, dann schauen wir doch mal, was die Höhlenmenschen so möchten und was unsere Vorfahren vor 40 000 Jahren so an Kunst drauf hatten. Das macht mich jetzt auch neugierig." „Sei nicht enttäuscht, eine Freundin sagte mir, die Ausstellung sei eigentlich überschaubar, aber doch typisch Höhlenmensch und Mann." „O.k."

Die Auswahl, was Höhlenmenschen bewegt, ist in der Tat mehr als eindeutig. Das Bild der Frau: Fruchtbarkeit. Überdeutliche Geschlechtsmerkmale, so wie man sie dann auch der Zeit einige Jahrtausende vor Christus in der Orientabteilung des Louvre in Paris vielleicht ein klein wenig eleganter findet. „Zeigt offiziell die Göttin Venus, inoffiziell mehr die Erwartung an Frauen und das Frauenbild." „Unser Höhlenmensch wünschte sich Nachkommen. Was ihn selbst bewegt? Fortbewegung, Jagd und die eigene Größe. „Wer wäre nicht gern so ein überdimensionaler Löwenmensch. Ein schnittiges Pferd zum Reiten und ein Mammut zum Erlegen. Das waren die Träume des Höhlenmenschen.

Hat sich in 40 000 Jahren nicht wirklich so grundlegend geändert. Heute ein Auto, ein paar Nettigkeiten fürs Prestige. Und das eher für die Männer…" „Na ganz so extrem ist es nun auch nicht", warf Benny ein. „Also erstens wollte ich unter denen sowieso nicht gelebt haben, denn die Jagd auf Mammuts konnte sicher auch ganz schön gefährlich sein, und die Höhlen waren bestimmt auch alles andere als bequem und zweitens denke ich schon, dass sich die Welt gewaltig geändert hat." „Ja ich meine ja auch mehr die grundlegenden Anlagen und das, was heute noch so in den Genen ist: Macht, Dominanz als Zeichen des Mannes, Fleisch essen um stark zu sein und ja, es wäre doch nach wie vor ganz schön, wenn Frauen das Leben etwas angenehmer machen…" „Aber doch nicht mit Bügeln, Kochen und Kaffee machen", protestierte Benny" das heißt nicht, dass Frauen nicht dazu beitragen, das Leben netter zu machen, aber das ja wohl ganz anders…" „Das mag bei euch im Studio ja sein, in größeren Läden ist da immer noch viel mehr davon vorhanden. Was meinst du, wie oft ich noch den Kaffee bringe?" Und ehrlich, die Sache mit dem Fleisch… es geht doch auch ohne." „Mit deutlich weniger auf jeden Fall. Aber auch damals hatten die ja nicht jede Woche ein Mammut. Ist ja nun nicht neu, dass wir viel zu viel essen für den geringeren Grundumsatz an Kalorien, den die meisten haben." „Also ich ginge ohne meine Buddha Bowls, ohne dreimal die Woche workout und meinen Protein-Smoothie am Stock. Da wär Eiszeit sowieso nichts für mich." Als wenn es jetzt noch eines Beweises bedurft hätte, dass es offenbar einige Generationenunterschiede in der Redaktion gab! Um die Ecke von der Ausstellung fand sich dann auch noch ein konsensfähiges vegetarisches Biorestaurant für einen Salat und damit war dann auch diese Klippe umschifft.

Annas Buddha Bowls

Die in fertigen Schalen servierten Gerichte enthalten eine bunte Mischung von Trends mit Vitaminen, gesunden Fettsäuren und Proteinen gespickt. Da es keine wirkliche Definition dafür gibt, müssen die Inhalte weder Bio, noch Vegan oder reinrassig Low-Carb sein, für Anna ist das allerdings Pflicht. Die Komposition bietet jeweils eine komplette Mahlzeit. Gesund, nahrhaft und sättigend, dazu mit guten Zutaten und als Anreiz für achtsames Essen.

Da gibt es eine Salatvariante wie Quinoa mit Zucchini, Avocado und Tomate sowie vor allem Feldsalat, abgeschmeckt mit einem Dressing nach Wahl. Oder die mit knackig gegarter Süßkartoffel, blanchiertem frisch und fein geschnittenem Rotkraut, sowie Kichererbsen angereichert sowie einem Dressing nach Wahl und Geschmack.
Ein einfaches Dressing bieten alle gewürzten Varianten auf Essig- und Öl-Basis, aber auch mit gut gewürzten veganen Cremes wie Creme Fraiche läßt sich ein interessanter Geschmack zaubern.

Unter den unzähligen Varianten dieser Bowls gibt es auch Varianten, die auch warm anzurichten sind wie mit roten Linsen, Kichererbsen, Champignons, Austernpilzen, dazu passt dann ein schärferes Dressing mit Peperoni.

Mit Wildreis und geräuchertem Tofu, Pilzen nach Wahl und Teriyaki-Sauce und Sesam macht man eine von vielen anderen Ideen.

Jeder hat die Möglichkeit, die Bowl mehr auf den eigenen Saucengeschmack zu bringen und eben auch die eigenen Lieblingszutaten unterzubringen, die einen mehr Hülsenfrüchte und Nüsse für die Energie, andere mehr Gemüse für den flacheren Bauch und natürlich immer wieder Superfoods wie Avocado, Ananas und mehr.

Skærtoft, Augustenborg, Dänemark

Ulla ist zu dem kleinen Hersteller für hochwertige Mehle als Praktikantin gegangen, weil sie noch etwas Wissen für ihre Masterarbeit abstauben wollte. Die Mühle, die das in Dänemark überall bekannte, besonders feine Mehl aus. Die Mühle ist eine Steinmühle, also eigentlich der klassisch alte Typ von Mühle für Mehl. Die hier bei Skærtoft ist sehr klein und hochmodern. Viele Hausfrauen und backende Männer, so hört man, schwören auf dieses Mehl für Kuchen und Gebäck. Es heißt, dass diese Art zu mahlen einfach besser sei. Der letzte Nachweis ist, wie man jedoch an der Uni hört, eher umstritten. Ob diese Art zu mahlen wirklich schonender ist? Ob das gute Mehl daran liegt, weil hier nach alter Väter Sitte das ganze Korn gemahlen wird, ohne all die technischen Finessen einer modernen Großmühle?

Jedenfalls hat die kleine Mühle durch ihre Vorstellung von Qualität schon manchen wichtigen Kunden überzeugen können. Auf dem Weg zum besten Restaurant der Welt bezog das legendäre NOMA in

Kopenhagen schon bald von hier die polierten Graupen für ihre Gerichte aus der Neuen Nordischen Küche.

Da kommt Ulla das Brotfestival gerade recht, weil die auf der einen Seite hier ein paar Backaktionen für die Mühle mit den örtlichen Bäckern organisieren darf, aber auf der anderen Seite in der Vorbereitung des Festivals auch etwas mehr über die neue Nordische Küche erfährt. Etwas vereinfacht gesagt, macht die neue Nordische Küche aus derKargheit des Nordens einen Trend. Typische Gemüse wie alte Karotten und Rote Bete werden Pflicht für Salate, wild gesammelte Kräuter und Wildblumen zu Hinguckern beim Anrichten und eben die ganz unambitioniert hergestellten puristischen Dinge zu interessant komponierten Gängen. Da paßt auch die Wiederentdeckung von Graupen in herzhafter Würze genauso dazu wie das Lob der Limfjord-Austern mit ihrem im kalten Wasser erworbenen herben Nordseearoma. Und das Schöne dabei ist: Es sind Zutaten mit Geschichte, mit Einzelheiten, die man erzählen kann.

Und dazu der Ausflug ins Backen, ebenfalls Purismus: Gutes Mehl, Wasser, Salz und sonst nichts. Und es ist von besonderer Spannung, dann festzustellen, dass das bei der richtigen Raumtemperatur sogar unter den eigenen Händen gelingen kann. „Ruhe, Geduld und die eigenen Muskeln, das sind die wichtigsten Voraussetzungen." Und trotzdem arbeiten alle dann auch noch an den typischen Bäckerkniffen, die das Ergebnis hernach auch optisch in die richtige Form bringen. „Da kommt eine bekannte Gourmet-Zeitschrift. Die machen Fotos."

Messerschmittstrasse, München-Schwabing

Caroline hatte inzwischen eine gute Idee gefunden, die sie mit guten Argumenten jetzt häufiger nach München führte. Sie versprach ihren Kunden, für mehr Bekanntheit in Deutschland zu sorgen, mit ihren Postings die Realität in den deutschen Lebensmittelregalen ins rechte Licht zu setzen. Das gab ihr die geniale Argumentation zu ausgedehnten Streifzügen durch die Stadt und zu ausgedehnten Besuchen bei Kay. Selbst wenn es ihm in der kleinen Wohnung manchmal mehr als kuschelig eng vorkam, wusste er die Annehmlichkeit von Carolines Flexibilität zu schätzen. Die Rezepte unterlagen oft strengster glutenfrei-veganer Zensur, waren aber doch leckerer als zu befürchten. Und das Kuscheln hatte auch seine angenehmen Seiten.-

In ihrer freien Zeit erkundeten sie die Annehmlichkeiten der bayerischen Metropole mit Biergärten, auch gelegentlich Kultur und einige Events. Was die Küche angeht, hatte Kay immer noch seinen Freiraum in Gestalt der Betriebskantine. Man muss ja nicht über jodes Detail sprechen. Und ja, die Zeit vergeht schneller als gedacht. Der Englische Garten ist längst entlaubt. Caroline verlässt Kay nur noch für begrenzte Tage, um die Kunden zu treffen und dann und wann bei neuen vorzusprechen. München bietet eine große Auswahl effektvoller Möglichkeiten, Produkte und Menschen in Szene zu setzen. Schon steht die Frage an, was man über Weihnachten plant. Irgendwo die allfälligen Familienbesuche knapp getaktet unterbringen und dann unter Hinweis auf Pflicht und Arbeit den Weg zurück zu ihrer gemeinsamen Bleibe zu nehmen.

Vorläufig kein Hinweis an die Familie. Sonst gäbe es irgendwelche gutmeinenden bis schlauen Kommentare. Dabei sind die Elternhäuser natürlich auch dort präsent. „Meine Mutter macht dann immer…" „Die Tante Ellie hatte immer die besten Plätzchen. Darum mussten wir sie unbedingt besuchen…" Für die kuscheligen Winterabende stellte sich das Kerzenlicht fast von selbst ein und – ehrlich gesagt – zwischen den Weihnachtstagen und Neujahr und noch darüber hinaus wollten die Kunden von Caroline und Kays Büro deutlich wenig von ihnen. Zeit für gemütliche Zweisamkeit. Eine Zeit, die die Nähe deutlich beflügeln kann.

Sneek, Friesland

Mette und Jan treffen sich nach Weihnachten in einem Bauernhof mit Freunden in der Gegend von Sneek In diesem Jahr will und will es nicht wirklich kalt werden. Kein zugefrorenes Sneeker Meer, kein Geschmack auf heiße Pfannkuchen mit eisgekühltem Jenever.
Mette wurde zur Spezialistin für vegane Pfannkuchen ernannt. Da gab es vorab durchaus Diskussionen „ Aber wenn Du so eine Soja-Pappe machst wie ich sie neulich bei uns um die Ecke probiert haben, das krieg ich nicht runter." „Keine Angst, es gibt so viele andere Sachen, die glutenfrei sind, Energie bringen und auch noch schmecken.

Mettes Pfannkuchen

Sie nimmt dafür eine Mischung aus Rote-Linsen-Mehl, Buchweizenmehl und entöltem Kürbiskernmehl. Diese Mischung wird mit Wasser und Hafermehl so lange verrührt, bis ein ordentlicher Teig daraus entsteht, der zum Verarbeiten für Pfannkuchen passt. Dazu für den Geschmack Agavendicksaft und Salz und etwas Rapsöl, dass sich auch zum Ausbacken eignet. Wer es herzhaft mag, schneidet beim Ausbacken entsprechende Zutaten hinein wie Paprikastreifen oder nicht zu feuchte Tomatenstücke. Auch vorher angeschwitzte Frühlingszwiebeln und Champignons passen dafür gut. Das kann man dann noch entsprechend würzen.

So wird aus einem ungewohnten Pfannkuchen-Frühstück ein gemütliches Erlebniskochen.
Das geht aber nur in einer halbwegs homogenen Gruppe, denn wenn jemand dann anfinge, Speck oder Butter in die Pfanne zu tun, würde das einigen den veganen Geschmack verderben.

Aber die Freunde kennen ja Mette schon etwas und sie steht mit ihren Ansichten auch nicht total allein da. Insofern finden es die anderen toll, dass sie all die Zutaten bereits organisiert hat. Jan durfte sich dafür um die Unterhaltung kümmern und hat dafür im Hafen ein Boot chartern können. Da hatte man sich trotz der vorgerückten Jahreszeit an das milde Klima angepasst und sich auf solche im Winter eher ungewöhnlichen Anfragen eingestellt. Außerdem hatte Jan für die mögliche Kühle an Born noch eine Flasche Jenever erstanden. „Das ist wieder erlaubt, nachdem heute überall wieder Gin in ist und die ganzen Trendhopper von Whisky auf Gin umgeschwenkt sind." Trend hin, Trend her, die Idee würde zum späteren Nachmittag garantiert ihre Abnehmer finden. Die Frage, ob Jenever nun nachgewiesenermaßen wirklich vegan sei, vermochte Jan auch nicht zu beantworten.

Hasselbroo.k.straße, Hamburg

Da hatte sich Bennie als Kundenversteher etwas eingebrockt. Nachdem er sich mit Anna über deren Ernährung unterhalten hatte, musste er für das nächste Shooting auch für artgerechtes Catering sorgen und konnte nicht so tun, als wisse er nichts von ihren Wünschen. Und vor allem musste es ja auch etwas sein, das man auch dem Rest der Mannschaft noch anbieten konnte." Sollte er sich auch noch darum kümmern?" Da fiel ihm Gott sei Dank Assistentin Janina ein. Die konnte sich vielleicht um so etwas kümmern und gleichzeitig ihm noch im Gewusel der situativen Kameraschüsse bei dem Brotfestival den Rücken freihalten. Eine gute Idee. Außerdem könnte sie sich dann unterwegs auch noch ein wenig um Anna kümmern. Gute Idee.

Janina fühlte sich bemüßigt, Bennie ihre Ideen vorab zu zeigen, um sein Einverständnis einzuholen. „Als Notreserve habe ich hier ein paar haltbare fertige Quinoasalate aus dem Drogeriemarkt. Die sind getestet und für gut befunden. Und dann werde sich den Hauptstresstag eine glutenfreie getreideähnliche Mischung ansetzen, die wir vor Ort noch mit ein paar Zutaten ergänzen. Das gibt einen leckeren Salat, den die Leute vor Ort dann noch durch das Brot vom Brotfestival ergänzen können."

Janinas Salat — auch als Grundzutat für unterschiedliche Buddha-Bowls wunderbar verwendbar.

Man nehme als Basismischung vorgekochte braune Linsen — bleiben eher knackig als die roten, weil rote Linsen ja geschälte Linsen sind — Kichererbsen ganz oder etwas zerkleinert, Cashewnüsse je nach Geschmack, Buchweizen eingeweicht. Die Grundmasse lässt man von einem Dressing aus Zitronensaft, weißem Balsamico, Rapsöl durchziehen und würzt alles mit Pfeffer, Kräutersalz, Gemüsestreuwürze und Muskatnuss. Auf Wunsch auch Kreuzkümmel gemahlen. Zuckermais aus dem Glas ist ebenfalls eine gute Basiszutat. Für mehr Abwechslung kann man frühestens 20 Minuten vor dem Servieren noch geschälte Hirse und Quinoa zufügen. Beide Zutaten würden bei dem Anmischen mit der Basismischung einfach zu weich.

Für den Geschmack wird alles Frische erst zum Anrichten hinzugeben. Da kommt feingeschnittener Staudensellerie infrage. Paprikastreifen, dünn geraspelte Rote Bete, eine halbe Salatgurke eher gewürfelt, gerne Frühlingszwiebeln und vielleicht eine rote Zwiebel sowie gerne frische Gartenkräuter wie Schnittlauch, Petersilie, Sauerampfer, Zitronenmelisse. Die aber werden dann wirklich erst beim Servieren untergemischt.

„Klingt erstaunlich lecker. Aber jeden Tag wollte ich das nun auch nicht vorbereiten wollen." „Wenn man so etwas mag und vor allem, wenn man merkt, dass es dem Körper guttut, kann man viele der Zutaten bereits sowieso zuhause haben. All diese Hülsenfrüchte sind natürliche Proteinlieferanten, dazu noch gutes, kalt gepresstes Öl und ein paar Nüsse und die Ausgewogenheit ist perfekt." So waren sie dann für Annas Wünsche bestens gerüstet. Was tut man nicht alles, um die Menschen glücklich zu machen. Aber gutes Essen macht nun einmal glücklich. Und natürlich wusste Bennie, dass man sich heute nicht nur in den schickeren Branchen über das Essen definiert. Ausgesucht zu essen gehört für viele zum Lifestyle. Das ist für die auf keinen Fall eine Diät wie früher. Da gab es einst für die Zuckerkranken im Supermarkt Spezialregale mit zuckerfreier Schokolade, Marmelade und mehr. Ist heute nicht mehr hin. Aber auch die frühen hardcore-glutenfreien Produkte aus einer Mischung von Reis- und Maismehl waren alles andere als lecker. Seitdem die Hersteller die Vielfalt glutenfreier Zutaten immer mehr entdecken, wird diese Welt leckerer und viele – vor allem weibliche – Konsumenten haben das Empfinden, dass glutenfreie Produkte und Zutaten ihnen schlicht besser bekommen.- Derweil streitet die Medizin noch immer darüber, ob es neben der totalen klar nachgewiesenen Glutenunverträglichkeit von Sprue und Zölliakie auch noch nachweisbar eine Art milderer Gluten-Unverträglichkeit gibt. Abseits von einem solchen medizinischen Nachweis leben inzwischen weit mehr als die Kerngruppe der stark Erkrankten nach dieser Ausrichtung.

Caroline steht in ihrer alten kleinen Wohnung. Sie schaut sich um. Draußen ist es endlich kalt geworden und sie fühlt sich nicht wirklich gut. Erst hatte sie das Gefühl, es sei der Magen. Es war ihr in letzter Zeit manchmal nicht gut. An der Ernährung konnte es nicht liegen, von Kays Sünden hatte sie sich nicht anstecken lassen. Ja Kay, das war schneller als gedacht viel enger geworden. Und jetzt hatte sie einen unspezifischen Verdacht gehabt. So hatte sie den Besuch bei einigen ihrer Kunden dazu genutzt, ihre alte Ärztin zu besuchen. Die hatte sie durchgescheckt und darauf bestanden, ihr das Ergebnis persönlich zu erklären. Hoffentlich hatte sie nichts Ernstes gefunden. „Die Blutwerte sind perfekt. Du bist gesund, kerngesund. Aber ich habe einen anderen Verdacht. Wenn ich etwas vermuten darf, ich hatte nicht ausdrücklich danach gesucht, aber könnte es sein, dass du schwanger bist. Ich schlage vor, wir machen noch einmal einen richtigen Test...." Caroline hatte mit vielem gerechnet, aber nicht damit.

Schlagartig waren da Fragen im Raum „Wollte sie ein Kind überhaupt bekommen? Was würde Kay dazu sagen? All die Veränderungen, die so etwas mit sich bringen könnte, würde sie damit fertig?" Das waren nicht nur Fragen, sondern mögliche Entscheidungen... Warum musste das jetzt schon sein? Es könnte auch alles kaputt machen, ihr Leben, die gerade erst langsam wachsende Beziehung zu Kay. Schon die Ärztin hatte sie auf das alles hingeschickt: „Ist dir der Vater bekannt? Eine Zufallsbekanntschaft oder eine Beziehung? Ginge es für Euch auch zusammen? Man muss ja nicht unbedingt heiraten." Nun, Kay war alles andere als eine Zufallsbekanntschaft, aber "der Vater meines Kindes" – wie sie in der Schule immer flapsig gesagt hatten?

Mit den entscheidenden Fragen stand sie erst einmal allein: Was sollte sie dazu sagen? Was würde Kay dazu sagen? Erst einmal versuchen, durchzuatmen. Besser jetzt einem warmen Kakao statt Kaffee. Rein für sich hatte Caroline eine gewisse Tendenz: Ja, ein oder zwei Kinder konnte sie sich für sich prinzipiell vorstellen. Und ja, sie wusste schon, dass man das heute auch alleine durchziehen kann. Aber sie hatte auch die Vermutung, dass dies ihr Leben verändern würde. Aber mit Kay hatte sie noch nie über ein solches Thema gesprochen. Sie hatte keine Idee, was er denken und sagen würde.

„Und das alles jetzt und hier". Caroline legte unwillkürlich ihre Hand auf den Bauch, der sich wie immer anfühlte. Ob diese Wohnung mit einem Kind noch Sinn macht?

Da stand so manches im Raum. Und dann hatte die nette Ärztin auch noch erklärt, dass es in der frühen Schwangerschaft auch noch die Möglichkeit einer Fehlgeburt gäbe. Also mit anderen Worten: Wenn man selbst jetzt positiv entscheidet, ist damit längst noch nicht alles sicher. Da taten sich wirklich neue Welten auf. Caroline kannte auch keine Freundin, die ihr jetzt hätte weiterhelfen können. Und die Familie? „Wenn die erst einmal etwas in den Fingern haben, dann nageln sie einen fest. Für die wäre das vermutlich keine Frage. Aber sie hatte ja Kay noch nicht einmal großartig dort in Spiel gebracht. Besser nicht.

Minoritenplatz, Wien

Die Minoritenkirche ist in jeder Hinsicht ein besonderer Ort. Die Bausubstanz lässt die Anfänge aus dem 13. Jahrhundert noch erahnen, klare Formen und streng aufstrebende Linienführung. Die Anfänge könnten auf Franziskaner zurückgehen. Die heutige Gestalt wurde vor allem im 18. Jahrhundert geprägt, ein Ort, der erahnen lässt, was es heißt, wenn Menschen unterschiedlichster Jahrhunderte sich in ihrer Gestaltung die Hand geben.

Caroline musste für einen längeren Moment einen Punkt der Stille finden. Eine Umgebung, die man um sich herum vergessen kann. Wenn man die Maria mit dem Jesuskind so einmal betrachtete, die war eigentlich immer eine stolze Mutter. So ein Baby verändert. Das sah früher sicherlich anders aus, in der Zeit fest gefügter Rollen und Lebensmuster. Aber was wollte sie eigentlich sein? Ob sie an etwas in diesem althergebrachten Sinne glaubt, das wusste sie nicht. Aber sie glaubte an etwas. An die bergende Kraft der Natur, an das, was zu Natur und Mensch passt. Und ja, sie wollte eigentlich immer eine von den Guten sein, es richtigmachen. Und das wollte sie auch jetzt. Wenn man selbst schon bei den Tieren und der Tierhaltung so viel Gefühl aufbringt, wieviel mehr dann bei Menschen. So eine unerwartete Nachricht zwang Caroline, sich zu sortieren.

Da gab es Verpflichtungen, über die sie nachdenken sollte: „Was war sie ihrer künftigen Entwicklung, ihren Zukunftsplänen schuldig? Was war sie vielleicht diesem kleinen Leben schuldig, das sich da etwas ungefragt eingeschlichen hatte? Schließlich war die Beziehung zu Kay ja nun auch kein purer Zufall? Oh je. Ein Wirrwirr.

Und wer sollte ihr antworten?" Kopf und Gefühl redeten viel mit einander. Der Kopf stellte die ketzerischen Fragen, das Gefühl reagierte eher warm und positiv, mochte die Zweifel nicht unterstützen.

Und hier in dem Moment der Ruhe fühlte sie sich ganz geborgen und es gab vielleicht noch eine der rationalen Fragen, die auch das Gefühl berühren konnte.

Eigentlich wollte sie ein Kind nicht alleine haben. Ein Vater wäre nicht schlecht. Der Ausflug hatte sich irgendwie gelohnt. Sie fühlte sich etwas sortierter. Sie wusste nämlich, was für sie jetzt die wichtige Frage war. Sie musste die Lage mit Kay besprechen und das ging natürlich nur direkt.

Skærtoft, Augustenborg, Dänemark

Da es sich von Hamburg aus anbot, war man zur kombinierten Mühlenbesichtigung und dem Brotfestival mit dem Auto unterwegs. Bei der verhältnismäßig kurzen Entfernung konnte man es entspannt angehen lassen. Zum generellen Vorgespräch war man mit der Inhaberfamilie der Mühle zum frühen Nachmittag verabredet. Die Kaffeetafel war stilvoll gedeckt. Porzellan der Großelterngeneration, weiß bestickte Tischdecke auf dem passenden Tisch und dazu alle Versuchungen, die man aus dem Grundarsenal eines Backbetriebes zaubern kann. Süße kleine Gebäck- und Kuchenstücke. Davon wahrscheinlich nichts glutenfrei und vermutlich auch nicht vegan. Echte Versuchungen, zu denen sich die männlichen Besucher nicht lange bitten ließen. Die beiden Damen ließen es mit dem klassischen Hinweis auf die Linie bewenden. Gut, dass prinzipiell an die Catering-Notration gedacht war.

Natürlich waren die Müller stolz auf ihr Biomehl, wobei sie schließlich Spitzen-Patissiers wie Verbraucher auch nur bestärkten. Bemerkenswert, dass in Dänemark Konsumenten dafür bereit sind, auch den entsprechenden Preis zu bezahlen. Denn erst das ist der Ernsthaftigkeitsbeweis. Gute Produkte verlangen in Deutschland selbst Discountkunden, aber genau die denken nicht daran, dass man dafür auch mehr bezahlen muss. Da beruhigt der Gedanke, der Discountpreis sei so clever wie seine Kunden. Die deutsche Grundidee: Man kann beste Lebensmittel auch viel günstiger kaufen. Die Vorstellung, dass für bessere Ware höhere Kosten entstehen, bleibt für die schlicht ein Märchen. Wer in viele internationale Märkte über Früchte, Kaffee und anderes hineinschaut, kennt die Wahrheit: die besseren Güteklassen gehen nach Großbritannien, in die Schweiz, nach Middle-East und die Ware am Rande der Diskussion nach Deutschland, damit deren Preis stimmt.

Hier in Dänemark ist die Welt anders. Die kleinen Produzenten wie dieser Müller stellen für die direkte Umgebung ihre beste Qualität her. Eine Expansion in erster Linie dort, wo man auch ihre Ware nachfragt. Ihre Nachbarschaft stellt die Inspiration und Nachfrage für neue Ideen und so befruchtet man sich gegenseitig.

Im Unterschied zu den Nachbarn in Deutschland funktioniert das Angebot neuer Produkte über die einfache Beschreibung. So füllt die Mühle auch ein wunderbares Müsli ab, fürs Auge versetzt mit dekorativen Sonnenblumenblüten. „In Deutschland leider nicht verkäuflich, weil zu teuer, nicht mit einem kreativen Startup-Marketing verbunden. Ohne viel

Wirbel und tolle Siegel läuft da gar nichts", warf der Redakteur ein, „eigentlich schade."

Biergarten am Chinesischen Turm, Englischer Garten

Caroline suchte für die schwierige Eröffnung einen möglichst neutralen Ort. Es war diese typische „Wir müssen reden"-Situation und auch Kay spürt, dass es da etwas gibt. Aber was? „Eine alte neue Liebe in Wien? Ein Jobangebot?" „Ich war in Wien mal wieder zu einer Routineuntersuchung. Eigentlich alles gut. Aber meine Ärztin hat schlich und einfach festgestellt, dass ich schwanger bin. Ich konnte bis jetzt mit niemand darüber sprechen und außerdem, nach Lage der Dinge geht es uns beide zusammen an." Kays Gesichtsausdruck kann nicht verbergen, dass ihn diese Nachricht überrascht. „Ich habe wirklich brav meine Pille genommen. Erinnere mich da an nichts Besonderes und du kannst dir denken, dass ich es ganz bestimmt nicht darauf angelegt habe." Kay nimmt Caroline instinktiv beschützend in den Arm. „Dann sind wir ja schon zwei, die erst mal nicht wissen, was sie sagen sollen. Einfach ein total neuer Gedanke und ich weiß überhaupt nicht, wie sich das anfühlt…. Die Tage fragte mich mein Gruppenleiter, ob ich vielleicht demnächst für ein Jahr nach Kopenhagen gehen wollte. Da hab ich nur an dich gedacht und überlegt, ob du vielleicht mit mir gehen würdest."

Auf der einen Seite fühlt sich Kay erleichtert. An Trennung hätte er jetzt eigentlich überhaupt nicht denken wollen. Längst hatte er die Anwesenheit von Caroline als einen angenehmen Gegenpol in sein von Business geprägten Alltag integriert und merkte, dass ihm dieser Gegenpol eine Art Ruhe und Erdung verschaffte, die er nicht missen wollte. Und gerade jetzt, da ihn die aktuelle Situation vor diese Frage zu stellen schien, wurde ihm das sehr bewusst. So bekommt seine Position eine Art von Sicherheit, die er zuvor nicht kannte: „Gut, dann fragen wir doch erst einmal, was du fühlst. Das ist schließlich eine ganz wichtige Frage. Kannst du dir hier und heute vorstellen, bald Mutter zu sein? Nicht nur ein Kind zu bekommen, sondern es auch in deinem und unserem Leben zu sehen und dann gut zwanzig Jahre damit zu leben?" „Oh Kay, genau, die Frage stelle ich mir ja auch. Wenn ich in meinen Körper höre, dann gehört dieses Kind zu mir. Aber eben nur, wenn es uns nicht am Ende auseinanderbringt. Ich möchte dich. Ich habe die Nähe zu dir nicht deshalb gesucht, um gleich ein Kind zu bekommen. Es ist so schwierig, weil wir es nicht bewusst geplant haben…" Nach einer Pause nimmt Kay Caroline fest in den Arm. „Wir zwei, wir schaffen das. Das ist eben das Leben. Wenn wir die Herausforderungen annehmen, die auf uns zukommen, gehört auch das dazu. Weiß ich, was mein Job alles noch von mir fordert. Da kann ich doch froh sein, dass es daneben noch ein anderes Leben gibt." Er legte beide Arme um sie herum. „Hey, ich will euch!" Carolin spürt, dass da erstmals in ihrem Leben ein ganz eigenes Kapitel beginnen könnte. Die Fragen der letzten Tage erschienen wesentlich kleiner.

Bad Holzhausen, Teutoburger Wald
Im Grunde hat das nahe Wiehengebirge in Ostwestfalen durchaus sehr viel mit den Alpilles in der Provence gemeinsam. Zwei Höhenzüge, die aus der Nähe viel mächtiger und größer wirken als sie nach

Höhenmetern denn sind. Nur das Flair ist halt doch ziemlich verschieden. Ach so ja auch hier gibt es eine bekannte Ölmühle in der Nähe im Teutoburger Wald, aber die stellt in erster Linie Rapsöl her und kein Olivenöl. Aber auch das wird kalt gepresst, ist sehr gesund in der Zusammensetzung und ja auch für die nordische Küche ein Kernartikel.

Aber trotzdem hier Heilbäder neueren Typs durchaus zu finden sind und die ohne die klassische Atmosphäre eines kaiserlichen Kurortes wie Bad Oeynhausen ist die Küche der Region deftig westfälisch: klassisches Pumpernickel als Brot, regionale Biere und Fleisch, Fleisch, Steak, Wurst und Schinken. Witzigerweise sollte Benny hier einen Auftrag für die Regenbogenpresse abarbeiten. Besuch in einem „modernen" Kurbad, wo alle Generationen angesprochen werden. Gut, dass er nicht auch für den redaktionellen Teil verantwortlich war, sondern rein für das Fotomaterial. Da kann man immer das Beste in Form von guten Fotos bieten: gemütliche Gastlichkeit in Fachwerkgebäuden. Aber wenn man sich in den kurnahen Einrichtungen so umtut, hat man nicht den Eindruck, dass hier der Gedanke, dass Fitness und Gesundheit auch mit einer entsprechenden Ernährung zusammenhängt sehr hoch gehandelt wird. Die Liebhaber der ganz ausgefallenen frischen Salate oder der vegetarischen Küche finden hier deutlich weniger die Erfüllung ihrer Wünsche. Eher ein gutes Stück Fleisch statt Müsli, Buddha-Bowls noch ein echtes Fremdwort. Was in Österreich oder den südlichen deutschen Mittelgebirgen schon die traditionelle Küche deutlich bereichern durfte, wartet hier noch auf seine Entdeckung durch findige Pioniere.

Aber ganz so stimmt es denn auch nicht. Auf Wunsch gibt es durchaus vegetarische Gerichte im Angebot und auf Nachfrage auch frische Salate. Aber eben nicht als Markenzeichen. Und zu so einem dörflichen Kurort gibt es erstaunlicherweise sogar einen richtig guten handwerklichen Biobäcker. Ehrlich und gut. Und diese Einstellung fußt dann schon auf einer langen Vergangenheit. Denn im Ortskern findet sich immerhin eine Kirche mit gotischen Bogenfenstern und Grabplatten der hier verewigten Vorfahren. Sage keiner, der Teutoburger Walt sei ohne Geschichte. Hermann der Cherusker, auch Arminius genannt, katapultierte schon um Christi Geburt die Gegend in die Geschichtsbücher.

Für eine Promotion-Strecke heißt es, nach eher zeitgenössisch-populären Eyecatchern zu suchen, um hier nicht zu elitär anzusetzen. Die Realsatire wollen wir lieber nicht schreiben:
´Seit heute wissen wir nun richtig, wo all die 70+ Leutchen, die zuhause nicht genug zu beschäftigen sind, an trüben Tagen wenigstens teilweise unterhalten werden, und wo sie wunderbar abzustellen sind, samt Gehwagen, Rollstuhl und aller Wehwehchen.` Man muss aufpassen, dass man bei solchen Anblicken nicht zynisch wird. Und natürlich begreift auch Benny, dass es eben manchmal sein Job ist, einfach das normale Leben ein wenig schöner zu zeigen als es vielleicht immer so ist und sein kann, um den Lesern einer Promotion-Strecke ein gutes Gefühl zu geben. Schließlich können sich nicht Millionen von Menschen ein Strandleben à la Cannes leisten… und wüssten nebenbei bemerkt auch gar nicht, was sie dort anstellen sollten. So tröstet sich Benny mit dem Gedanken, dass

er eben mit seinem Anteil dazu beiträgt, den Senioren ein besseres Gefühl zu geben und auch in seiner Fotostrecke dürfen die weitsichtigerweise dafür vorab gebuchten Models dann auch ruhig etwas jünger sein als das wahre Publikum für derartige Angebote. Aber trotzdem: Manchmal darf einen die Realität auch schon deprimieren. Da ist die Branche für den etwas verschönten Schein durchaus ein Lichtblick.

Am frühen Abend traf Benny eine der Mitarbeiterinnen aus dem Kurbetrieb in einer der gemütlichen Bierkneipen. „Und, wie war der Besuch für Sie?" fragte sie. „Soll ich ehrlich sein? Man braucht schon starke Nerven, wenn man solche Menschen jeden Tag sieht." „Das ist unser Alltag." „Aber würden sie selbst auch so ihre Zeit verbringen wollen…." Mit einem nachdenklichen „wohl kaum" wandte man sich dem leckeren Landbier und erfreulicheren Themen zu.

Rubensstraat Amsterdam

In einer Versuchsküche darf Jan an den Entwicklungen einiger Kollegen teilhaben, Ernährungsspezialisten, Journalisten. Es geht um Rezepte für vegetarische Brotaufstriche. Zum Einstieg hilft ein erfahrener Entwickler. „Die aus Nährhefe und Ölen hergestellten sind schon über 50 Jahre alt. Sie waren die Basis für die erste Generation der Brotaufstriche: Kräuter, Pilze, Paprika, Curry-Ananas, Zwiebel-Apfel alles, was so etwas Geschmack gibt. Die meisten waren sehr fest und – was man erst später beachtete auch reichlich kalorienträchtig. Warum man von denen abkam? Nein, nicht wegen der Kalorien. Aber die Hefe kam ins Gerede als ein natürlicher Geschmacksverstärker. Im Laufe der Zeit wollten diese Kunden Bioqualität. Und da passen Geschmacksverstärker nicht ins Bild. Seit 15 Jahren produziert man solche Brotaufstriche in einem großen Anteil auf Gemüse- und Obstbasis. Da haben der Geschmack und die etwas schlankere Linie wieder Chancen." „Oh ja, wir erinnern uns an die schönen Rezepte von Sarah Wiener und dann später die tollen Kompositionen von Attila Hildmann." „Aber sobald wir die großen industriell gemachten Serien dieser Aufstriche anschaut, kommt man schon ins Grübeln. Da kann man förmlich verfolgen, wie hochwertige Zutaten immer wieder durch günstigere ersetzt werden, also Cashewnüsse durch Sonnenblumenkerne und ähnlich…" „Wir gehen heute einfach anders heran: Wir suchen gute und geschmackvolle Zutaten, die wir zu leckeren Pasten verarbeiten, die man wirklich gerne auf dem Brot sehen möchte."

Von solchen Gedanken muss man Jan nicht erst überzeugen. Wenn er einen gemütlichen Abend mit Mette vorbereiten will, dann stellt er sich schon einmal bei ihr in die Küche und püriert gut gekochte schwarze Bohnen, gibt angeröstete Zwiebel und Knoblauch hinzu, etwas Apfel, einen Spritzer Zitrone, etwas Tomatenpüree, frische Gartenkräuter, Salz und Pfeffer dazu. Alles kann dann mit einem Salatblatt auf einem Vollkornbrot enden und mit einer aufgeschnittenen Kirschtomate noch drapiert wird.

Wie vegetarische Brotaufstriche immer wieder abwechslungsreich und gehaltvoll komponiert werden

Kräftig schmeckende Linsen püriert, Kichererbsen püriert, kräftig schmeckende Bohnen püriert, auch Rote Bete natürlich sowie Süßkartoffel, Kürbis und in Grenzen eine Paste aus getrockneter und gerösteter Aubergine. Kichererbsen, Kürbis und Linsen eignen sich gut mit einer Currybasis. Um die Substanz der Aufstriche zu verbessern kann man Stückchen von angerösteten Cashewnüssen einarbeiten.

Schön eignet sich immer ein säuerlicher Kontrapunkt aus püriertem Apfel oder Ananas, ebenso ungesüßtes Tomatenpürre, allen drei Zutaten kann man bei Bedarf mit einem Spritzer Zitrone aufhelfen.

Grundsätzlich ist es nie verkehrt, die Masse zu fein zu verarbeiten. Sie kann ruhig etwas stückig sein. Wenn man als Kontrapunkt zu Gemüse und Hülsenfrüchten ein paar frische Zutaten wie Frucht, Gartenkräuter hinzugibt, wird der Geschmack interessanter. Für die asiatische Note empfehlen sich als Grundgewürze Kreuzkümmel, Curry und Gelbwurz. Der Vorteil der frischen Zubereitung ist, dass man auf jegliche Stabilisierung der Paste verzichten kann.

Lecker holländisch ist eine Variante mit Piccallily, zu dieser süß-sauren Mixtur auf der Basis von Senfgurken gibt man vegane Mayonnaise hinzu und vielleicht Paprika. Mit der veganen Mayonnaise lassen sich natürlich auch stückige Rote Bete hervorragend anrichten. Das wird sozusagen roter Heringssalat ohne Hering. In Dänemark sehr beliebt. Von den Dänen darf man ruhig auch das Anrichten der Brote als Smørrebrød ausleihen. Also gerne auf frischen Salatblättern, auch gerne bitter wie Ruccola und gerne verziert mit frischer Tomate und Radieschen.

Am Ende können alle Beteiligten gut von dem Workshop profitieren: Ideen für Rezeptseiten für Frauen- und Familienzeitschriften, für Szene und Fachzeitschriften. Und obwohl das Thema vegetarische Brotaufstriche schon ziemlich alt ist, kann man ihm sehr viel Aktuelles abgewinnen. Und in einem Punkt werden sich die Teilnehmer auch sehr schnell einig. Man braucht nicht unbedingt vegetarische Wurstimitate, um etwas Interessantes aufs Brot zu zaubern. Im Gegenteil, die Auswahl wird dadurch sogar reicher und abwechslungsreicher. Und außerdem gibt es gerade schon in Amsterdam viele solche Ideen bereits als Frühstücksangebote in kleinen Cafés und Bistros.

Willemstrat, Amsterdam
Und nicht zu vergessen Mettes Rezepte, die zumindest regelmäßig Jans Leben und Speiseplan bereichern. Zu den Standards zählen ihre lecken Avocado-Brote: Bio, Vegan und immer wieder gerne variiert.

Mettes Avocadocreme

Man lasse vier Avocados an einem warmen Ort ein paar Trage reifen. Das Fleisch löst sich dann auch ziemlich leicht aus der Schale. Es wird mit einer Gabel zu einem Brei zerdrückt. Man gebe den Saft einer Zitrone hinzu einen Teelöffel Balsamico Bianco, Kräutersalz, schwarzen Pfeffer, einen Esslöffel vegane Mayonnaise, einen halben Teelöffel Chilisauce. Jetzt alles verrühren und vermengen. Eine klassische Scheibe Korn-an-Korn-Schwarzbrot wäre es für andere als Grundlage - für Mette natürlich eine Variante auf glutenfreies Bot — in jedem Fall mit Ruccola-

Salatblättern belegt. Die Avocadocreme kleinfingerdick darauf streichen. Das so belegte Brot mit Kresse und Tomatenscheiben noch toppen und fertig ist ein Sandwich mit herausragendem Geschmack.

Und obwohl Jan die Auswahl und Zusammensetzung seiner Lieblingsgerichte wesentlich entspannter sieht als Mette, muss er neidlos zugeben, dass die Rezepte aus ihrem Dunstkreis einfach lecker sind. Auch wenn sich Mette mit dem Wunsch nach rein-vegan und unbedingt glutenfrei das Leben bestimmt nicht leichter macht, der Geschmack bleibt dabei nicht auf der Strecke.

Ein-herz-fuer-bio.org

Zwischen neuem Ego-Food und ökologischen Besseressern: Wo finden wir heute die Seele der Bio-Verbraucher?
Bio, das war in der Pionierzeit eine Mischung aus ehrlichem Anbau, Naturschutz und einem kernigen, dazu passenden Ernährungsstil. Und was ist das heute in Deutschland? Die alten Biohasen sind irgendwie sie selbst geblieben. Aber ihr Naturkosthandel schwächelt deutlich. Einer, der aus ihnen heraus stark geworden ist wie Alnatura, geht immer mehr in Richtung Convenience. Hätte man sich vor dreißig Jahren ausmalen wollen, dass es in einem Biomarkt gekühlte Fertigteige und Fertigprodukte gibt? Oder in der City Bio-Hot-Dog-Stände wie auf dem Foto aus Kopenhagen?
Menschen definieren sich immer mehr über Ernährung und Ernährungsstile und in diesem Konzert spielt Bio

längst mit, nicht in erster Linie als Bio, aber als LowCarb, HighProtein, Vegan, Glutenfrei und mehr. Der Applaus für Wachstum und Begehrlichkeit kommt für Bioprodukte längst aus dieser Ecke.

Und was allen Ernährungsstilen gemein ist: Ihnen wird eine gute Wirkung auf den Körper zugeschrieben und sie überzeugen durch guten Geschmack. Mit dieser neuen Biogeneration ist zu rechnen. Gestern war es ein Chia-Pudding zum Frühstück, heute vielleicht eher eine kernige Porridge-Variante und morgen? Und dogmatisch ist man hier eben auch nicht: wenn Fertiges lecker schmeckt, dann auch dieses gerne. Paleo, LowCarb, HighProtein – alles kann da existieren und braucht nicht den gesinnungsedlen Klang, den einst das Stichwort „Bio" hatte. Das allein ist ein Unterton, der längst angekommen ist, aber in sich nicht so besonders, auch wenn Anbauverbände versuchen, das immer wieder mit besserem Bio aufzupeppen. Sie werden irgendwann begreifen, wie wenig heute Verbraucher davon aufnehmen und aufzunehmen bereit sind.

Eine starke Kraft ist gerade auch in diesem Bereich, dass Ernährung ein Teil Selbstdefinition und Selbstdarstellung geworden ist und da sind diese Bereiche gut, weil es da immer etwas zu erzählen gibt wie zum Beispiel: Was macht veganen Wein vegan?

Hasselbrookstrasse, Hamburg
---- Erinnert sich eigentlich noch jemand an Barcelona? Ich habe seitdem nichts von euch gehört. Frage: Heißt das, dass es euch gut geht? Dass ihr gut beschäftigt seid? Oder heißt es vielleicht, dass unser Kennenlernen dann doch nur eine kurze Episode war? Spaß beiseite: ich hab mich ja auch nicht gemeldet.

Aber dafür hab ich jetzt einen klasse Vorwand, euch nach Hamburg zu locken. Eine der Zeitschriften, für die ich einige der Massenfotos mache, will da etwas mit Küchentrends zum Frühjahr machen und sucht noch ein bisschen Glanz durch Leute, die kochen, schreiben und probieren wollen, eben auch aus Nachbarländern wie Österreich, Holland und so... Na ja und da dachte ich natürlich sofort an euch. Das wäre doch ein prima Vorwand, einmal etwas zusammen zu machen, oder? --

Benny ist selbst etwas darauf gespannt, wie die Sache ankommt. Aber wenn man es nicht halbwegs kurz nach einem solchen Zusammentreffen aufgreift, ist es meist sowieso schon zu spät. Carolines Blogs sind in der letzten Zeit etwas seltener geworden als früher, wenig Wien, mehr München, da scheint etwas geschehen zu sein... Und von Jan kam außer einer kurzen WhatsApp auch nichts mehr .Auf der anderen Seite hat jeder ja auch zu tun und eben seinen Job. Allerdings ist es auch ziemlich gut, sich manchmal einen frischen Blick von außen zu holen. Wenn man immer nur im Saft der eigenen Kunden schmort, ist frischer Wind von außen sehr gut, weil er neue Impulse gibt. Und während er so sinniert, fragt er noch mal Jan per Mail: „Wirst du vielleicht irgendwo eine Reportage los über neue Hamburger Küche?" und Caroline lockt er. "Du könntest ja auch noch etwas für eine kleine Fotostrecke mitbringen..." und für sich selbst hat er natürlich auch die Idee, dass so ein Meeting wieder Stoff für die eigene Website bieten kann. So könnte man sich gegenseitig auch noch etwas Gutes tun. Mal sehen.

Ein-herz-fuer-bio.org
Die vegetarische Welle in den Vereinigten Staaten gewinnt an Fahrt: 13 % der Milch vergleichbaren Getränke werden rein vegetarisch konsumiert. Jetzt spricht man vom Siegeszug der vegetarischen Burger. Da Lebensmitteltrends sich nun einmal immer globaler entwickeln, darf man solche Tendenzen getrost als Indikation nehmen: Vernünftigerweise – und dies immer mehr aus Umweltgründen – wird der Trend zu vegetarischer Ernährung weiter zunehmen. Das gilt sowohl für Fertiggerichte wie für entsprechende Zutaten. Aber natürlich ist gerade im Bereich der fertigen Gerichte besonders viel Luft nach oben.

Beschaffung und Einkauf von Rohwaren und Produkten können immer weniger auf einen umfassenden Überblick verzichten. Wenn in wichtigen Bereichen bereits heute schon vorausgesagt wird, dass künstliche Intelligenz beim Sourcing ein realistischer Ansatz ist, bedeutet das erst recht, dass umfassende Transparenz in der Beschaffung von Lebensmitteln immer wichtiger wird. Ohne einen wirklichen Einblick in Märkte und den Stand der Verarbeitung wird Beschaffung immer weniger denkbar. Dieses Knowhow ist heute bei größeren Agenten und Mittlern in den unterschiedlichen Märkten in der Regel größer als bei den Handelsketten.

Sobald eine Kategorie Teil des Mainstream-Konsums wird, werden diese Produkte auch für die Top-Anbieter des Handels interessant. Das kann man in Mitteleuropa an den Bioprodukten wunderbar studieren. Starke Handelsketten und Discounter nehmen Bioprodukte inzwischen in die mittelfristige Vorausplanung auf. Auch wenn alle das Gegenteil beteuern, geht es dabei neben kürzeren Wegen immer auch um die Möglichkeit, mit attraktiveren Verkaufspreisen, die Kunden zu sich zu locken. Und die springen darauf an, wie man in Deutschland sieht, wo in vielen Bio-Basisprodukten die Bevorratung erst vom Bio-Fachhandel zu den Lebensmittel-Vollsortimentern wanderte und nun in der nächsten Stufe zum Discount.

Beschaffung setzt immer mehr auf übersichtlichere Wege. Je direkter der Bezug eines Produkts von Anbau und Verarbeitung zum Angebot an den Endkunden organisiert wird, umso erfolgreicher, aber auch umso logischer. Am Ende geht es immer mehr darum, unnötige Handelsstufen in der Beschaffung auszuschalten. Und je mehr die Transparenz des Marktwissens zunimmt, desto eher und desto umfassender ist das möglich.

Leopoldstraße, München

Während Caroline gerade an ihrem Milchkaffee schlürft sinniert sie über das kommende Jahr. Wein und Bier sind tabu. Ein nicht zu starker Kaffee dürfte wohl erlaubt sein, aber es würde sich vermutlich eine ganze Menge ändern. Und sie hätte nicht gedacht, wie toll es sich mich Kay entwickelt. Er ist so positiv und so stark. „Ich habe wirklich Glück. Und dabei saß dieses Glück schon in der Schule fast neben mir. Das ist schön und beängstigend zugleich, denn eigentlich sollte man ja ganz viele Erfahrungen machen, um sich sein Leben auszusuchen... Was heißt ´aussuchen´? Das Leben hat ja längst gesprochen..." War da nicht so ein Klick im Handy. Eine Nachricht von Benny. Da meldet sich bei ihr das schlechte Gewissen. Dem hätte sie schon längst einmal schreiben können oder anrufen... Aber es war eben viel zu viel passiert zwischenzeitlich. Aber so im fünften Monat könnte man gut zu so einem Event fahren. Wenn man jetzt noch bei der Bahn einen günstigen Fahrschein ergattert, dann wäre das keine schlechte Idee. Und ihr fällt auch schon ein Kunde ein, den sie für den Foto-Laufsteg in Hamburg begeistern könnte.

Der Gedanke beflügelt und eilt weit voraus. Später könnte man sich ja mit Babykost, und dem eigenen Beispiel im Internet tummeln. Eine junge Mutter erzählt und so....

Neue Ideen und neue Möglichkeiten, an die man vorher nicht im Traum gedacht hat. Da musste Caroline heftig über sich selbst lachen. „Du wirst Mutter, weißt überhaupt nicht, wie es geht. Und dann erzählst du anderen, wie es richtig läuft. Cooler Gedanke." Ja und Kontrakte. Vielleicht ist es ja gut, sich mal an andere alte Kontakte zu erinnern „Was macht eigentlich Olga?"

Lilli-Henoch-Straße, Berlin

„Alles ist möglich", sagt der verschmitzt dreinblickende Bärtige mit dem Hut „schau dir diese App an. Damit mache ich alles. Ich kaufe, ich bestelle, ich organisiere. Wer nichts macht ist selbst schuld. Auch du kannst es."
So eine Rede war jetzt dringend nötig für Olga. Der Typ verkaufte mit seinem Handy teure Steaks, Plätze in einem der angesagtesten Food-Tempel der Stadt und noch vieles mehr.

Im Moment versuchte sich Olga gerade mit einem kleinen Bio-Café. Und sie hatte selbst schon gemerkt, dass man da einfach mehr bieten musste als fair gehandelten Kaffee aus dem Siebträger. Deshalb hatte sie sich überlegt, dass sie regelmäßig vegane Törtchen und glutenfreies Gebäck anbieten würde. „Vegane Traumschnittchen" und „Unten ohne" die glutenfreien Obst-Schnittchen mit diesem ganz tollen Teig-Rezept und ja das müsste jetzt noch jemand unter die Leute bringen. Und dann immer noch dieses Gewürge mit den Apps und der Technik. Das war bislang so gar nicht ihr Ding gewesen.

Aber witzig, da hatte sich doch ausgerechnet jetzt ihre alte Bekannte Caroline gemeldet. Die nennt sich immerhin Influenzerin und Bloggerin. Die müßte ja davon auch Ahnung haben. Mit ihrem etwas ausgefallenen Namen „Olgas Ankerplatz" lag sie ja immerhin gar nicht so verkehrt. Wie hatte es der Bärtige vorhin ausgedrückt: „Essen ist Gesellschaft, Politik, Identität, Genuss, Lust." Die neue Generation Food. Damit liegt man im Berlin der Szene ziemlich gut. Wenn man kein Geld hat für wohlklingende Zertifikate und Siegel, dann braucht man wenigstens Ideen. Und daran ist die Stadt zurzeit wirklich reich. Die Früchte für ihre Kuchen bezieht sie im Sommer frisch von einem kleinen Hof im Havelland. Sie sollte dringend einmal wieder zu denen hinausfahren und ein paar gute Fotos für das Café machen.

Olgas glutenfreier Obstkuchenteig

Auch hier muss man viel ausprobieren. Für den Obstbodenteig macht Sie eine Mischung aus Kichererbsenmehl, entöltem Mandelmehl, etwas Reismehl

und Johannisbrotkernmehl. Alles natürlich in Bioqualität.
Der Teig ist eine Wissenschaft für sich, weil glutenfreie
Mehle eben nicht die klassische Klebwirkung haben,
deshalb nimmt sie Reismehl und Johannisbrotkernmehl
dazu. Als Triebmittel Bio Weinstein-Backpulver. Für etwas
mehr Struktur im Teig, mischt sie zarte glutenfreie
Haferflocken unter. Auf 500 g dieser Teigmischung
rechnet sie etwa 100 ml Wasser und knapp 300 g
Margarine und etwa 200 g Rohrohrzucker.
Dieser Teig reicht in der Regel für zwei Böden und wird je
nach Obst variiert. Für die Kirschen etwas mehr
Haferflocken, damit der Teig nicht gleich durchweicht. Für
die späten Pflaumen noch etwas Zimt dazu. Und für
manche Böden noch Streusel aus Margarine, entöltem
Nussmehl und Rohrzucker und Vanille.

So manches in diesem Umfeld hat Olga durch
Gespräche mit Kundinnen dazugelernt. Viele Zutaten,
die wie Getreide aussehen wie Buchweizen, Hirse,
ebenso wie Reis, Mehle aus Hülsenfrüchten wie
Linsen, Kichererbsen oder Bohnen und genauso alle
gemahlenen Nüsse, all dies ist von Natur aus glutenfrei.
Aber das heißt nicht, dass jemand, der überhaupt
keinerlei glutenfrei verträgt, dies schon essen könnte.
Da reicht schon ein Staub aus, um eine heftige
Reaktion auszulösen. Aus diesem Grund ist man dazu
übergegangen, glutenfreie Zutaten noch einmal extra
zu kennzeichnen. Dort wird sicherheitshalber noch
einmal genau kontrolliert, dass das Produkt auch
wirklich glutenfrei ist. Es reicht aus, dass nur ein
Körnchen normales glutenhaltiges Getreide da
hineingekommen ist und schon haben Menschen die

keinerlei Gluten vertragen ihre Probleme von Bauchschmerzen, Blähungen, Übelkeit, Unwohlsein bis zu Veränderungen des Stuhls und dies durchaus in den heftigsten Varianten. Seitdem ist Olga noch vorsichtiger beim Backen geworden, nimmt das alles sehr ernst. Natürlich weiß sie inzwischen auch, dass es daneben eine Menge Gleichaltriger gibt, die mit „glutenfrei" eher trendy sein wollen „ist besser für meinen Bauch", „ich fühl mich damit wohler". Diesen Menschen würde ein Getreidekorn im Kuchen nichts anhaben.

Hintergrund

Der Bärtige bezieht sein Fleisch übrigens von einem Züchter alter Schweinerassen, der seit Jahren Bio-Pionierarbeit leistet und er ist die lebende Widerlegung der bittren Behauptung: „Keine Sau will Massentierhaltung, aber jeder Affe will Billigfleisch." Das beschreibt die Haltung vieler Verbraucher zum Fleischkonsum sehr treffend. Und das gilt ganz besonders eben auch für das erste Fleisch in Deutschland: Schweinefleisch.

Hört man etwa dem Inhaber des größten deutschen Schweineschlachters zu, dann kann kein Verbraucher an solch einer Schilderung Anstoß nehmen: Den Tieren geht es während der Mast gut, schließlich sollen sie sich gut entwickeln, sie werden bestens gefüttert und behandelt und auch das Ende im Schlachthof verläuft ohne Leiden und Stress. Genau die Botschaft, die trotzdem billig einkaufende Fleischesser hören möchten. Schließlich verzehrt jeder Deutsche im Jahr rund 53 Kilo Schweinefleisch. Und in jedem skandinavischen Land mit einem vergleichbaren

Fleischverzehr hört man sich von seinen Verarbeitern ähnliche Dinge an.

Trotzdem bleiben bei Verbrauchern wie Tierschützern Bedenken, ob die übliche Art der Schweinehaltung ethisch unbedenklich sei. Schauen wir schematisch auf ein Schweineleben: Dann rechnet man im Schnitt 305 Tage für eine komplette Produktion, was im Regelfall mit mehr als hundert Tieren auf einmal gemacht wird. Start ist die Empfängnis und Endpunkt der Transport zum Schlachtbetrieb. Auf 115 Tage im Bauch in der Muttersau, folgt eine 3- bis 4-wöchige Säugezeit, danach eine 6- bis 7-wöchige Aufzucht und der schließt sich zur Fleischausbildung eine 18-wöchige Mast an. Diese Produktionsschritte können entweder alle innerhalb eines landwirtschaftlichen Betriebes durchgeführt werden oder die einzelnen Phasen lassen sich auf spezialisierte Betriebe teilen. Und mit dem letzteren Vorgehen werden die Intervalle von der Aufstallung bis zum Schlachten immer kürzer. Das dahinterliegende ethische Bauchgrimmen von Verbrauchern, haben allerdings in der Regel die Verbraucher verursacht, die eben möglichst viel und günstiges Fleisch essen mögen, was in Deutschland eher das Schweinefleisch ist, in Frankreich dagegen eher das Rind. Von jährlichen rund 60 kg verzehrtem Fleisch pro Kopf sind in Deutschland eben knapp 40 kg Schweinefleisch. Die Zahlen sind ganz leicht rückläufig. Der Wettbewerb in diesem Markt ist hart. Noch weniger Fleischverzehr würde die Produzenten auch nicht schrecken. Bei den Großen der Branche gibt es schon heute einen entsprechenden Exportanteil. Die Vorstellung, durch Verzicht weniger Schweinemast in Deutschland zu bewirken, wird nicht wirklich greifen

Jordaan, Amsterdam

Mette hat einen tollen Job ergattert. Vegan kochen für eine Frauengruppe, die es sich richtig gut sein lassen möchte. An den Job war sie mal wieder auf die typische Mette-Art gekommen. Sie hatte sich mit einer Freundin zum Kaffee getroffen und die hatte eine Freundin dabei, die für eine Frauenzeitschrift arbeitet. Ja und so kam man ins plaudern und erzählte Mette von ihren Koch- und Backkünsten und ungefragt auch von den Vorzügen der veganen und glutenfreien Ernährung. Und dann kam die Sprache auf einen Redaktions-Workshop in Friesland, da hatte man bereits eine Ferienwohnung in Makkum gebucht und suchte nun noch für die Inspiration. Denn die Gruppe wollte hier neue Ideen für die künftige Struktur der Zeitschrift finden und festklopfen. Und während sie so plaudern, verfiel man – oh Zufall – auf die Idee, dass Mette doch einfach die Gruppe inspirieren könne. Natürlich sei sie nicht die alleinige Inspiration für die acht Frauen aus der Redaktion. Aber sie sei mehr als eine Kochfee, eine echte Bereicherung. Und das ging Mette natürlich herunter wie Honig. So war sie vom Fleck weg für Verpflegung und Inspiration der Truppe engagiert. Da gab es viel, was man dafür bereits vorbereiten konnte, um nicht alles vor Ort mühsam zusammensuchen zu müssen.

Für morgens kam die berühmte Pfannkuchenteig-mischung dran.

Sie nimmt dafür wieder ihre Mischung aus Rote-Linsen-Mehl, Buchweizenmehl und entöltem Kürbiskernmehl.

Diese Mischung wird mit Wasser und Hafermehl so lange verrührt, bis ein ordentlicher Teig daraus entsteht. Als eine einfache Sache und der Morgen ist für die Damen gerettet, wenn man dann noch für den richtigen Belag sorgt.

Für den Abend hat sie sich jeweils wechselnde Bowls vorgenommen.

Da kommt es darauf an, gute Geschmack gebende Zutaten vorzubereiten und einfach ein paar Zutaten, die man nicht jeden Tag macht.
Als erstes bereitet sie Ingwer in asiatischem Stil vor. Dazu schält sie den Ingwer und schneidet ihn in dünne Scheiben. Sie breitert die Ingwerscheiben aus und bestreut sie mit Salz. Zur Würzung fabriziert sie eine Mischung aus Reisessig und den Zucker in einer Pfanne vor. Der Ingwer wird nun mit kochendem Wasser blanchiert und anschließend in dem Essigsud eingelegt. Eine tolle Beilage für interessantes asiatisches Flair.

Und dann leistet sie den Damen noch einen Luxus, den man nur mit entsprechender Zubereitung hinbekommt.

Selbst fermentierte Rote Bete

Mehrere Rote Bete raspeln und mit dem guten Kalaharisalz kräftig salzen. Die Menge reicht nun für einen großen Steintopf und wird mit einem Teller verschlossen.

Der Abschluß gelingt besser, wenn man den Teller etwas beschwert. Und nun muss man nur aufpassen, dass die Umgebungstemperatur halbwegs stimmt und konstant bleibt und viel Geduld haben. Wenn man die Rote Bete so einige Tage in Frieden lässt, werden sie ähnlich fermentiert, wie man das von Sauerkraut kennt. Die Fermentierung regt probiotische Prozesse an und produziert so etwas besonders Gesundes und sorgte in früheren Zeiten für die Haltbarmachung. Nach einigen Tagen kann man, wenn man sich noch die Zeit dafür nimmt, den Topf an einen kühleren Ort stellen.

Während Rote Bete roh nur in sehr dünnen Scheiben in einen Salat passen, weil sie sonst zu hart wären, wird die Textur der fermentierten Rote Bete deutlich verträglicher. Die Mischung kann man mit Gojibeeren und Grünem Pfeffer und roten Pfefferbeeren verfeinern sowie nach Belieben noch mit etwas Himbeeressig und Rapsöl abschmecken.

Das Kalaharisalz nimmt Mette vor allem deshalb, weil sie weiß, dass es aus einem alten Reservoir gewonnen wird aus einer Zeit, in der das Wasser der Ozeane und Seen noch kein Mikroplastik enthielt.

Und dann konnte man natürlich viele wichtige Zutaten für Bowls bereits vorbereiten, um nicht vor Ort stundenlang in der Küche zu stehen. Schließlich wollte sie ja auch noch bei dem Workshop glänzen. Für das Treffen in dieser Wohnung in Kerkeburen in Makkum wurden erst einmal Linsen und Kichererbsen vorgekocht und dazu eine große Menge Quinoa. Allein die unterschiedlichen Kochzeiten brauchen volle Aufmerksamkeit. Dabei kann man die Zutaten auch schon mit etwas Gewürz wie Kreuzkümmel, Kurkuma, Koriander, Ingwer und Kardamom würzen. Sorgfältig bereitet Mette die Details vor und ruft sogar noch beim örtlichen Jumbo in Makkum an, um sicherzustellen, dass die benötigten frischen Kräuter vor Ort verfügbar sein werden.

Ja, da ist sie in ihrem Element.

Oudshoorn, South Africa

Jan musste Mette enttäuschen, weil er zwischenzeitlich von einem Freund einen ganz anderen Auftrag hatte. Auftrag, eher eine Art Angebot. Der möchte als Holland mit Kontakt zur weißen Afrikaans sprechenden Bevölkerung in Südafrika eine Art neuen Tourismus versuchen. Basti möchte mit einer neuen Art, Südafrika vorzustellen punkten. „Das Bild des Landes ist total verseucht durch altertümliche Reiseführer. Sie reden einem ein, man müsste vor allem die Garden Route kennenlernen. Dort völlig sinnlose Stationen abklappern und dann noch vor allem die „big five" der Wildtiere sehen. Wildtiere, die hier wild im strengsten Sinne des Wortes sowieso nicht mehr sind." Was Jan beeindruckt, Basti ist Naturschützer, Umweltschutz-Aktivist und ein glühender Kämpfer für gerechten Handel und eine bessere Welt. Er hat ihn per Zufall in einem Wereld Winkel kennengelernt. „Das Ganze ist teilweise ein schlechter Witz. Viele Lodges werben mit Tieren und einer Natur, die heute längst nicht mehr so existiert, wie sie einmal war. Tiere werden aus anderen Teilen Afrikas in Erlebnisparks gekarrt und dumme Touristen sollen glauben, dies sei original. Das muss doch auch anders gehen. Es lohnt sich ja durchaus, das heutige Südafrika zu besuchen, nur eben anders und so, wie es wirklich ist. Die sogenannten Big Five sind ein Fetisch für Touristen. Dabei geht es um ganz anderes: Man muss das Kommen von Touristen nutzen, um die Natur zu regenerieren und um gleichzeitig der einheimischen Bevölkerung Ausbildung und Arbeit zu geben."

Das Leben im Queens-Hotel ist wie Alt-Holland. Allerdings muss man eben, nur weil man Afrikaans spricht und zur Schicht der weißen Siedler gehört, deshalb noch lange kein schlechter Mensch oder gar Ausbeuter und Unterdrücker sein. Das musste man in diesem Land – wie an vielen Plätzen im südlichen Afrika – erst noch lernen. „Es gibt unter ihnen neben den Herrenmenschen früherer Zeiten nämlich auch richtige Idealisten, die schlicht das Land, die Tiere und natürlich auch die Menschen, die dahin gehören, lieben.

Ein-herz-fuer-bio.org
Gourmet Africa: Eine einst auf dem SIAL ausgezeichnete innovative Marke

Die Hersteller und Inhaber dieser Marke haben wir in Worcester im Western Cape besucht. Hier ist neben Delikatessen und einheimischen Afrika-Rezepten auch Erfahrung zu Hause. Die Inhaberin stammt aus einer ostafrikanischen Pionierfamilie, in der man weiß, was zu tun ist. Eine Fabrik ist genauso wie alle Game-Farmen für den Tourismus ein Instrument, um den Menschen der Umgebung eine Perspektive und Arbeit zu geben. Das benachbarte Tal der Breede ist fruchtbar, einigermaßen gut bewässert und damit bestens dazu geeignet, sogar Bioanbau zu machen. Ja, wenn die Nachfrage dazu da wäre und wenn die Fabrik Nachfrage nach Anbau hat. Viele Zutaten an Gemüse und Gewürzen können hier im nächsten Umkreis der Verarbeitung hergestellt werden. Eigentlich ideale Bedingungen.

Die Verarbeiter haben ihren Teil bereits vorab geleistet: Es gibt Abfüllanlagen für modernste Doypacks, in den Suppen, Saucen und Fertiggerichte in einem Standard hergestellt werden, den man nicht überall in Europa besitzt. Die Kenntnis der Rezepturen und die Ideen sind reichlich vorhanden. In der Fabrik findet eine beeindruckende Entwicklungsarbeit statt.

Für die heutige in Europa beliebte vegetarische Küche sind die afrikanischen Rezepte ideal. Die Basis der Ernährung waren hier sowieso die vegetarischen Grundzutaten, an guten Tagen ergänzt durch ein Stück Fleisch, meist Hühnchen oder an der Küste mit etwas Fisch.

Im Unterschied zu Europa hat sich hier allerdings der Vorzug der Regionalität noch nicht so herumge- sprochen. Wer sich mit Menschen trifft, die das südliche und östliche Afrika gut kennen, der findet dort einen Fundus von leckeren Rezepten für die in Europa so beliebte fleischarme Ernährung und ein Knowhow von Pflanzen Früchten, das beeindruckt. Es gibt nicht nur Baobab und die wenigen Zutaten, denen Kenntnis sich bis nach Europa durchgearbeitet haben.

Leider gibt es auch in einer solchen Gegend immer noch eine viel zu hohe Arbeitslosigkeit und die für den Kontinent so erschreckende Perspektivlosigkeit, die zur Abwanderung führt. Vielleicht könnte ja gerade ein

Angebot wie „Gourmet Africa" dagegen etwas tun und gleichzeitig noch Europäern zu einer leckeren und gesunden Ernährung verhelfen.

Elbchaussee, Hamburg

Benny ist heute mal wieder für einen Küchentermin gebucht. Die neuesten Teller für einen Prospekt. „Oh Gott, Prospekt, das ist ja mehr als gestern. Aber was tut man nicht alles für Geld." Der Prospekt soll den Kunden des Hauses Appetit auf die nächste Saison machen und ihnen das Gefühl geben, dass sie mit ihrem Geschmack ganz vorne sind. „Also gut", sagt sich Benny, „es gibt immer noch eine Generation, die ihre Anregungen nicht aus Instagram nimmt. Aber eben schon ziemlich old-school das Ganze."

Aber man wird ja nicht dümmer oder ärmer durch all das. Und außerdem hat ihn der alte Zausel noch aufgefordert, Equipment für Außenaufnahmen mitzubringen. Ob der wohl sein Haus ins rechte Licht setzen will. O.k. wir sehen. Drinnen war es ja schon immer wieder beeindruckend. Eine Profiküche mit all den Kupferpfannen, den tollen Gaskochstellen und all den Details, die eine Profiküche erst dazu befähigen, zum Beispiel bei Fleisch und Saucen dieses entscheidende Extra herauszuholen. Natürlich ist auch die Mannschaft in der Küche, die das in der Menge der Gäste dann umsetzt, aber der Kopf unter der weißen Haube hat einst diesen Ruf und die Qualität erst einmal erkocht, auch wenn er es heute vielleicht eher mehr beaufsichtig und für ein paar besonders liebe und wichtige Kunden dann noch selbst Hand anlegt.

Die Teller ein Traum und für Benny eine Herausforderung, mit Licht und Originalität vielleicht noch etwas mehr sichtbaren Geschmack und appetite appeal herauszuholen, als das normale Auge sieht. Hier ein ganz zarter Sprühstoß aus Gemüse und Salatblatt, dort einen Hauch Öl, um den Glanz zu erwecken. Gott sei Dank muss man das Ganze nicht auch noch in der kurzen Zeit schaffen, während die Teller wirklich heiß sind. Chapeau für die Handwerkskunst. Und ja, heute zahlt eben keiner mehr zwei Foodstylisten, um derlei in Szene zu setzen. Aber Benny hat sich in der früheren Zeit einiges dazu abgucken können, was er dann für die Arbeit mit den Food-Zeitschriften auch dringend brauchen konnte. „Und sollen wir außen noch machen?" „Da fahren wir zusammen etwas vor die Stadt. Ich möchte, dass meine Kunden auch den Biohof kennenlernen, von dem meine berühmten Enten kommen." Eigentlich hat Benny diesen Fall so gar nicht zeitlich eingeplant. Aber der Kunde ist König. „Ja, wir haben mit diesem Hof seit langen Jahren einen feste Beziehung und quasi einen Vertrag. Wir schätzen zusammen und planen, wie viele Enten wir wahrscheinlich in der Küche benötigen und rufen sie dann ab. Der Vorteil ist außerdem, dass wir dann gleich noch ein paar Kräuter und saisonales Gemüse mitziehen können. Das ist für beide Seiten praktisch." Das hätte Benny dem Alten jetzt nicht unbedingt zugetraut. Kein Instagramer, aber mit einer verdammt ordentlichen Grundidee. Das hebt die Stimmung. Und Gott sei Dank hielt das Wetter, so dass man so spontan auch noch einige Aufnahmen in den Kasten bekommen kann. Den Rest muss dann sowieso die Nachbearbeitung im Rechner leisten. Sozusagen der zweite Arbeitsplatz des Fotografen. Aber wenn schon das Ausgangsmaterial zweifelhaft ist, kann auch der Rest schwer werden.

Kerkeburen, Makkum

Mette hat sich geärgert, dass Jan ausgerechnet dann nicht helfen kann, wenn sie gerade einen heißen Job hat. Aber der hat ja offenbar auch einen heißen Job und sogar ziemlich cool, dass er damit nach Südafrika kommt. So organisiert sich Mette dann anders und erinnert sich an Trine aus der alten Selbsterfahrungsgruppe. Die hat Zeit und ist gerne bereit mitzumachen, um all die veganen Leckereien vorzubereiten und in Makkum vor Ort mit Mette alles vorzubereiten. Mit dem klapprigen VW schaffen sie es gerade an den Ort des Geschehens.

Ein wenig Luxus soll es auch geben. Die Crew übernachtet im Lodgehotel und die Tagungsverpflegung in der für die Sitzungen gemieteten Wohnung soll vor allem die Diskussion über Ernährung, Rezepte, Trends und aktuelle Themen befeuern und illustrieren. Und da treffen die Meinungen – trotz Weiblichkeit – hart aufeinander. Buddhismus, Achtsamkeit, Alt-Öko – von allem etwas und das reichlich. Jede der Redakteurinnen hätte bequem die eigene Beratungsagentur „Dein Weg zum Glück" aufmachen können, aber so stritten sie halt um einen redaktionellen Stil und Trine und Mette hörten fassungslos zu, falls sie nicht – wie meist – sich um das Essen kümmern durften. Zum zweiten Frühstück „Banting-Pancakes". Pfannkuchen aus entöltem Mandelmehl und einer Körnermischung. Dazu Ayurvedische Teesorten, aber zuvor noch heiße Tücher zur Entspannung. „Könnt ihr die auch makrobiotisch?"

„Aber morgen bitte Paleo, ich will doch einmal so fühlen wie die Machos in ihrer Höhle." „Egal, ob ihr es yesterday findet, ich steh auf meinen Chia-Pudding." Irgendwann, nachdem sich die Diskussionen des ersten Tages in Meditationsgrüppchen aufgelöst hatten und Mette und Trine in einer nebenan gelegenen Küche ganz leise die Spülmaschine befüllt hatten und überall klar Schiff gemacht hatten, schlichen sich die beiden in ihr Hotelzimmer in dem Lodgehotel. Ein Ort, der im Sommer das Strandleben sieht und um diese Jahreszeit eben noch nicht wirklich erwacht ist.

Als sie in dem großen Bett lagen, rutschte Trine zu Mette und streichelte sie „Du bist enttäuscht. Du hattest dir so viel Mühe mit deinen Rezepten gegeben und die waren sich alle schon selbst mehr als genug. Jede auf ihre Weise." Und obwohl es noch gar nicht so spät ist, schlummert Mette sehr schnell weg. In der Nacht spürt sie so etwas wie Jans Körper an sich. Ein wohliges Gefühl, sie schmiegt sich ganz fest daran und spürt, wie etwas Zartes und Feuchtes sie berührt, wohlig und entspannend und von überwältigender Sanftheit.

Am Morgen wird Mette aus einem tiefen Schlaf geweckt: „Hey du, wir müssen uns bald um die Damen kümmern." Etwas verwirrt kommt sie zu sich. Was die Nacht war… Ein Traum. Keine Zeit, darüber nachzudenken.

Beim Frühstück warten die Geschmacksikonen schon auf sie. „Wir sind gestern gar nicht dazu gekommen, euch nach den wunderbaren Rezepten zu fragen. Das holen wir aber noch nach und dann kann ich mir gut vorstellen, dass wir einige davon in unsere Rezeptrubrik aufnehmen." Mette lächelte nur verlegen. Sie wusste immer noch nicht, was ihr geschah und was sie von all dem denken sollte.

Benny, Caroline und Jan, da waren sie wieder zusammen, aber doch nicht ganz so wie damals in der Casa Bonay. Für Benny war die Lage am ehesten wie damals. Er hatte ein wenig Licht im Kochsalon aufgebaut und sollte mit den Freunden ein paar Rezepte aus den aktuellen Hamburger In-Küchen des mittleren Preissegments durchprobieren und kritisch besprechen. Die Rezepte lagen seit Tagen vor, einige Helfer hatten die Zutaten aufgebaut und man begann vor aller Augen mit der Zubereitung. Bennys Aufgabe war heute rein handwerklich – die Ergebnisse festhalten und mit etwas Dekoration in Szene setzen. Caroline glänzt in einem etwas weiteren Hängerkleid, ein Kleidungsstück, dass Männer gelegentlich irritiert, weil sie sich nicht sicher sind, ob es eher Schwangerschaft oder doch nur alternative Bequemlichkeit signalisieren will. „Es ist, wie es aussieht", kommentiert sie verschmitzt, „so langsam geht Bequemlichkeit vor Mode. Aber ich bin froh, dass ich die erste etwas ungemütliche Phase schon hinter mir habe."

Und dann wird Caroline gleich die, die sie aus Barcelona kannten: „Kommt wir fragen, ob wir schon mal zu den Rezepten ein paar passende Smoothies machen können. Das Werkzeug steht da und auch einiges, mit dem wir anfangen. Ein paar Geheimzutaten hab ich auch schon dabei." Und schon kommen Lieblingszutaten wie Matchapulver und Cocosmilchpulver aus ihrem kleinen Rucksack. Mit Früchten, Chia und den in der Versuchsküche vorhandenen Zutaten entstehen wahre Geschmackswelten vor dem geistigen Auge.

Carolines Smoothies

Der klassische Cocos-Matcha-Smoothie. Der lebt von den Geschmackszutaten und benötigt in der Urform beide Pulver in der richtigen Mischung mit etwas Cocosblütenzucker, man kann die Mischung auch fertig kaufen.

Energy-Smoothies

Als Begrüßung für den Tag. Wer´s lieblicher liebt nimmt dazu Mandelmilch, mehr Hard-Core ist Hafermilch. Da rührt man ein paar Löffel entöltes Mandelmehl ein und Fruchtpürree nach Geschmack. Das kann man natürlich – wenn frische Früchte vorhanden – mit dem Mixer vor Ort herstellen.

Sättigend statt Frühstück

Da nimmt man für einen größeren Becher eine Mischung von entölten Proteinmehlen (gerne Nuss- oder Mandelmehle, etwas Hanfmehl und zur Bindung ein klein wenig Kürbiskernmehl). Von dieser gut durchmischten Mixtur etwa zwei Esslöffel in Mandel- oder Hafermilch einrühren. Gut vermischen und dann je nach Geschmack mit einem Direktsaft der eigenen Wahl verfeinern. Der Saft gibt für diejenigen, die es mögen und brauchen, ausreichend Süße, in erster Linie aber Vitamine und sekundäre Pflanzenstoffe. Im Unterschied zu allen fertigen

Sojadrinks eine Mischung ohne Zusatzstoffe und ohne zugesetzte Süßung, man weiß ganz genau, was drin ist.

Einzig Jan wirkt ein wenig stiller und mehr in sich gekehrt als in Barcelona. Ihm gehen immer noch die Impressionen aus Südafrika nach. Diese Dürre. Und dann die grauenhaften Folgen mangelnder Arbeitsplätze. Wenn man etwas mehr dazu beitragen könnte, dass der Handel mit dem, was Arbeitsplätze schafft ausgeweitet würde. Aber dazu müssten große Handelsketten überzeugt werden, so wie damals – wovon Basti erzählte – als Albert Hijn den ersten Fairen Kaffee in das Sortiment nahm. Nur Kaffee ist heute gar nicht mehr der Ansatzpunkt, weil bei Kaffee, Kakao und Zucker inzwischen in Wahrheit nur noch der Weltmarkt regiert. Es gibt nur noch sehr kleine Pfade vorbei an den Monopolen. Das Netz der Beziehungen müsste einfach dichter werden. Und dann war da noch Mette, irgendwie war sie anders, nachdem er wieder von seinem Trip zurück war.

Tal, München

Kay hatte viel Zeit, sich seinen Hobbys zu widmen, während Caroline unterwegs war. Und da trifft er sich dann mit den richtigen Jungs, die auf erfolgreich machen, sich als Investoren bei Startups in Szene setzen und sich dabei wohl fühlen. So „Höhle der Löwen" in Mini. Einige von denen würden vielleicht Kleinbeträge bis 50 000 Euro investieren und sich dafür vielleicht eine nette Rendite wünschen.

Da gehört es einfach zum guten Ton – etwa bei Florian - , bereits die eine oder andere Firma besessen und möglichst wieder mit Gewinn verkauft zu haben. In diesen Kreisen geht es nicht mehr um die Sache einer einzelnen Firma oder eines Startups, es geht nur noch um Spekulation und Schein.

„Autos, Aktien und Ausschau nach Frauen und tollen Gelegenheiten im Leben" kann man das gemeinsame Motto der Gruppe am besten beschreiben. Man hat sich ausnahmslos über den Job kennengelernt, Kollegen, ehemalige Kollegen, interessante Geschäftspartner – halt der typische Mix, aus dem Netzwerke bestehen. Und wenn es eben schick ist, neben Bitcoins auch Startups zu handeln, dann macht man das eben fürs Image.

Nur fragte sich Kay inzwischen auch, ob das für ihn noch ein richtiges Netzwerk sein könnte. Über Caroline und das, was ihn daheim bewegte, konnte er in diesem Umfeld schwer sprechen. Aber solange er in seinem jetzigen Job ist und sich dort behaupten will, sind solche Gruppen wichtig. Was die privaten Hobbies angeht, da müsste er sich wahrscheinlich besser andere Bezugspunkte suchen.

Neuer Wall, Hamburg

Ein Gründerstammtisch. Etliche Teilnehmer aus typischen Startups aus Hamburg, Berlin und ein paar schwer einzuordnende Besucher aus Kopenhagen, Kraków und Prag. Olga hat sich angemeldet, weil sie inzwischen einsieht, dass ihr Berliner Café auch ein Unternehmen ist und sie sieht sehr schnell, dass sie dafür durchaus Vergleichbares findet. Pavel etwa, der am Rande der Prager Innenstadt eine Prosecco-Bar hinter einem kleinen Park eröffnet hat. Der hat zwar den Vorteil, dass er mit seinem sehr individuellen

Angebot per se einige Pluspunkte besitzt, aber inzwischen reicht – vor allem in der kalten Jahreszeit, die es in Prag trotz Klimawandel noch reichlich gibt – der Platz für Gäste eigentlich nicht mehr. Und mehr Platz kostet mehr Geld und da sind wir bei einem wohlbekannten gemeinsamen Problem. Oleg aus Kraków ist dabei eine Werkstatt für innovatives Knusperbrot aufzuziehen. Er ist ein Tüftler und Schrauber mit alten Maschinen, die er auf seinen Bedarf umbaut. Olga bewundert diesen zupackenden Typ, der ein klares Ziel hat und dessen Musterprodukte mit Körner- und Getreidemischungen schon richtig lecker schmecken. Christian aus Hamburg ist der Bar-Typ. Er bastelt an Trendgetränken für die Gastronomie. Er will mit seinen schicken Limonaden erst die Theken der Internorga, der großen Gastronomiemesse erobern und dann die Kneipen und Haushalte. Er hat gerade angefangen fünf Bars zu beliefern und stellt sich darauf ein, Stück für Stück Kunden zu gewinnen. Hendrik aus Kopenhagen ist gekommen, weil er einen Blick in den benachbarten deutschen Markt werfen möchte und diese Absicht seiner Geschäftsleitung als nützliche Recherche zu verkaufen. Außerdem denkt er natürlich darüber nach, nicht ewig in den Mühlen einer großen Handelskette als ein Rädchen arbeiten zu wollen. Aus diesem Grunde will er sich hier auch mit seiner Ex-Kollegin Christina treffen, die inzwischen bei einer großen deutschen Handelskette arbeitet. Was die freilich so auf den ersten Blick zu berichten weiß, ist alles andere als lockend. Der Apparat noch größer, die Hierarchie noch erdrückender und nicht unbedingt Arbeitsbedingungen, die einen das Leben genießen lassen. Thea, die in einer kleineren Stadt einen Bioladen übernommen hatte, kam eigentlich auf

Empfehlung ihrer Steuerberaterin. „Du gleichst jetzt über Jahre den mangelnden Gewinn durch eigene und nicht berechnete Mehrarbeit aus. Dein Laden kann schon lange nicht mehr mit dem immer besseren Bioangebot der Drogeriemärkte um dich herum mithalten. Du musst dir etwas einfallen lassen. Und, wie du inzwischen siehst, hilft dir dein Großhändler auch nur wenig dabei. Du brauchst etwas Neues." Für Thea war dieser Weg nach Hamburg ein großer Schritt. Und in ihrer Heimatstadt Lübeck hatte sie bislang nur mit absoluten Gesinnungsfreunden der Bioverbände Kontakt. Die Art, wie Hendrik und Christina über Geschäfte, Sortimente, Umsatz und Einkauf redeten war ihr ziemlich ungewohnt, aber die lockere Atmosphäre und die Offenheit der anderen brachte es mit sich, dass sie ihre qualvollen letzten drei Jahre aus einer neuen Perspektive betrachten konnte.

„Hat gebraucht, aber jetzt habe auch ich es begriffen. Nur mit schlechten Angeboten und bester Gesinnung lässt sich ein Laden mit dem besten Willen nicht führen. Ich hätte schon längst mal jenseits meiner nächsten Umgebung schauen sollen. Mit einem so kleinen und noch dazu teuren Angebot kann man leider nicht punkten. Die Zeiten, in denen man den Bioladen brauchte, um für ein gesundes Frühstück einzukaufen, weil man das woanders nicht bekam, sind lange vorbei…"

www.ein-herz-fuer-bio.org
Hut ab – die bereichernde Rolle von Startups, Gründern und Newcomern im Lebensmittelbereich.
Wer die letzten drei, vier Jahre Revue passieren lässt, stellt fest, dass viele neue Namen und Marken

inzwischen in den Handel gekommen sind. Davor waren Innovationen und neue Marken wie myMüsli eben Einzelfälle. Vordergründig kommen durch die neuen Angebote vor allem neue Marken in den Handel. Und trotzdem die Tendenz der immer stärker konzentrierten Handelsketten in den letzten Jahren stets dahinging, Innovationen auf der Ebene der Eigenmarken einzufangen, haben inzwischen alle Beteiligten gemerkt, dass hier auch für den Handel nur Vorteile entstehen:

Die neuen Gründermarken sind authentisch, spiegeln sehr nahe den Wunsch ihrer Macher.

Die Generation der Gründer macht sich dank der neuen Medien jeweils ihren ersten Markt selbst.

Dank dieser Nähe zum eigenen Markt, entstehen die Innovationen für diesen Markt wesentlich schneller und sehr zielgenau.

Allerdings haben Startups eben auch Nachteile, die sich aus der Natur der Dinge leicht erklären lassen:

Durch eine neuartige Herangehensweise an traditionelle Gebiete eröffnen die Gründer teilweise den Platz für neue Sortimente: Ankerkraut eine neue Sicht von Gewürzen, Little Lunch Mahlzeit aus dem Glas, Three Bears eine bislang so nicht gekannte Art Porridge um nur einige Beispiele zu nennen.

In vielen Fällen ist die Professionalität in Sachen Dokumentation, Logistik und produktbegleitender Services geringer als bei eingeführten Anbietern.

Die ausgesprochen knapp zu kalkulierenden Margen bei Lebensmitteln sorgen bei vielen dafür, dass die Firmen unterkapitalisiert sind. Etliche der Gründer gleichen derartige Nachteile durch die Zusammenarbeit mit erfahrenen Partnern aus.

Leidseplein, Amsterdam

Viel Energie braucht Basti nicht mehr, um Jan final zu überzeugen, dass er bei ihm in das Afrika-Projekt einsteigt. Da Jan sowieso ein freier Mitarbeiter mit festen Partnern war, ging der Übergang für ihn völlig geräuschlos. Sein Vorteil für das Projekt ist, dass er als Journalist aus der Beobachtung und Recherche eine Menge Markt- und Produkterfahrung besitzt.

„Gut, wir fangen am besten mit den Trockenfrüchten an. Der Geschmack von Mangos, Ananas & Co. hat überzeugt. Auch die Konsistenz der Früchte, was den Trocknungsgrad angeht. Das allein ist es nicht. Jetzt müssen Analysen und Spezifikationen her. Wir befinden uns mit diesen Früchten im Top-Segment. Da muss die Qualität stimmen." Nachdem die Analyse ergibt, dass die Früchte in jeder Hinsicht unbelastet sind, schlägt erst einmal eine Test-Verkostung in seinem Lieblings-Marqt vor. Als Jan dort vormittags mit seinem Schälchen in der Nähe von Obst und Gemüse die ersten Mangos unter die Kundinnen verteilt schallt ihm überwiegend ein „ hm fruchtig" entgegen. Das ermutigt, denn die Gratwanderung zwischen zu süß, zu sauer oder wenig Frucht ist gering. Ein paar Urteile will Jan aber noch einholen. „Mareike" schüttelt ihm ein hochgewachsenes dunkelblondes Lockenexemplar die Hand. „Meine Nachbarin hat gesagt, die seien lecker…ja stimmt. Ich mische nämlich meine eigenen Müslis. Da suche ich ständig. Kann ich vielleicht ein paar Stück davon haben? Danke."

Als Jan Tage später mit seinem Laptop in seinem Stammcafé saß, lief ihm dieser Lockenkopf wieder über den Weg. "War das Müsli jetzt damit leckerer?", spielte Jan den ersten Ball." „Ach du, ja neulich im Marqt. Für

welche Firma hast du das verkostet?" „Na für meine"
„Hey Cool. Dann kannst du mir also mehr davon
besorgen?" Die Frage war durchaus prominent.
Mareike hatte nämlich nicht etwa den Ehrgeiz, morgens
ihr eigenes Super-Luxus-Müsli zu genießen, sondern
sie entwickelte dieses professionell für die
Intercontinental Hotels. „Wir brauchen es schon sehr
speziell. Bei unserer Kundschaft, die will mehr als das,
was man überall bekommt. Und die kennt sich aus."
Natürlich lässt es Jan sich nicht nehmen, die erbetenen
Muster selbst zu Mareike zu bringen.

Amstelveen

Für Mette und Trine hat sich das Mädchenwochenende
mit der Redaktion durchaus auch über ein Honorar
hinaus gelohnt. Diesmal wollte man ihre Koch- und
Backkünste für drei Selbsterfahrungstage mit der
Redaktion ihrer Zeitschrift unter dem Motto „So
schmeckt es unserer Leserin – drei Tage glutenfrei und
vegan – keine Kompromisse." An diesen Wintertagen
sollen die Teilnehmer zunächst mit ein paar
hausgemachten Tees und leckeren Suppen begrüßt
werden.

Mette bereitet einen Ingwer-Orangen-Tee mit Zimt.

Dazu hat sie eine etwas dickere Bio-Ingwer-Knolle
geschält und feinblättrig geschnitten, eine Bio Orange
geschält und aufgeschnitten und als Trick für den
Geschmack etwas von der nur in Bioqualität verwendbaren
Schale abgeraspelt und noch etwas Zimt dazugegeben.

Das Ganze mit kochendem Wasser gebrüht und mindestens eine Viertelstunde ziehen lassen. Ein leckerer Begrüßungstee, der zusätzlich mit einem Spitzer Zitrone verfeinert wird und mit Sicherheit die Lebensgeister weckt.

Die ersten Suppen für den Einstieg in die Gespräche hat sie fertig mitgebracht.

Der Klassiker: Kürbissuppe.
Man nehme dazu einen kleinen Hokaido-Kürbis, entferne die Kerne und würfele das Fleisch. Zur Abrundung des Geschmacks gebe man drei mittlere Karotten und eine geschälte Kartoffel hinzu. Diese Mischung gewürzt mit Kräutersalz, Muskat sowie ein paar kleinen Ingwerstückchen gut durchkochen lassen und noch einen geschälten Apfel für die säuerliche Note hinzugeben. Vor dem letzten Aufkochen wird die gesamte Masse mit dem Pürierstab zu einer homogenen und sämigen Konsistenz verarbeitet. Zum Servieren werden die fertigen Portionen mit fein geschnittener Blattpetersilie garniert.

Zur Auswahl eine etwas aufwändigere Linsen-Sellerie-Suppe.
Dazu benötigt man eine kleinere Knolle Sellerie geschält und in etwas Weißwein solange vorgedünstet, dass er sich noch etwas bissfest in kleinere Würfel schneiden lässt. Als Linsen eignen sich in erster Linie die kleinen dunklen Berglinsen, die ebenfalls nicht zu weichgekocht sein sollten. Um ein paar Röstaromen in den Geschmack zu

bekommen, kann man die Selleriewürfel zusätzlich mit einer kleinen Zwiebel und Olivenöl anbraten. Die Suppe wird mit Curcuma, Curry und einem Schuss mildem Balsamico abgeschmeckt. Für die besondere Note gibt Mette in die fertige heiße Suppe ein paar gut gekeimte Sprossen und lässt diese noch etwas ziehen.

Und ebenfalls ein Klassiker — eine mexikanische Tomaten-Bohnen-Suppe.

Mette nimmt dafür die trockenen schwarzen Bohnen und kocht sie so, dass sie nicht zu weich werden. Man kann sie aber bereits fertig im Glas kaufen. Der Vorteil des Selbstkochens ist in diesem Fall, dass man die schwarzen Bohnen gleich in einer Gemüsebrühe ansetzt und den Sud später als Grundlage für die Suppe verwendet. Dazu benötigt man Zuckermais und reife Tomaten, die man zuvor blanchiert und schält. Auch hier sind die fertigen Tomaten aus der Dose eine sehr ehrenvolle Alternative, weil die meist in Italien direkt reif und frisch nach der Ernte verarbeitet werden, dass sie einen Geschmack geben, den die handelsüblichen frischen Tomaten kaum erreichen. Um die Suppe anzusetzen, wird zunächst eine sehr feingehackte große Zwiebel sowie drei Knoblauchzehen in Olivenöl angebraten. Dann wird eine fein zerkleinerte Peperoni hinzugegeben — auf Wunsch auch zwei.
Der Zuckermais wird zuletzt hinzugegeben. Zur Würzung nimmt sie neben Paprika sowie Kräutersalz und Oregano noch frische Basilikumblätter.

Für die vegane Küche zusätzlich eine Suppe auf der Basis von Cocosmilch und Gemüsebrühe.

Dazu kann man dann mit mit einer angerösteten Zwiebel und ein paar Knoblauchzehen starten, Ingwer und Karottenstücke vorbereiten, alles mit einem Sud aus 2/3 Gemüsebrühe und 1/3 Cocosmilch aufgießen. Soll die Suppe gehaltvoller sein, passen gelbe oder rote Linsen gut, die man einfach zum Schluss in der Suppe ziehen lässt. Das Schöne ist, dass man diese Suppe durch frische und trockene Gewürze sehr unterschiedlich variieren kann: Man kann sie mit Petersilie verfeinern, kann sie mit asiatischen Gewürzen geschmacklich interessant machen, kann aber auch einmal einfach versuchen, eine Variante auf die alte Sauerampfersuppe anzusetzen. Dazu gehört eine Grundmischung mit Cocosmilch und einem Spritzer Zitrone. Vor dem Servieren wird reichlich Sauerampfer gut geputzt und fein geschnitten in die Suppenmasse gegeben, die dann nur noch mit Salz und Pfeffer abgeschmeckt wird, Das war diesmal eine Idee von Trine gewesen.

Die beiden ernteten für ihren Auftakt viel Lob. „Ein toller Start, leicht und lecker. Bleibt doch noch ein wenig bei uns. Ihr seid schließlich auch Leserinnen. Wir möchten gerne wissen, wie ihr da als Frau empfindet. Eure Suppen-Rezepte sind eine erfrischende Alternative zu dieser anbiedernden Kinderküche mit Nudeln und Ketchup." Oh Kinder – das war für Mette und Trine im Moment alles andere als das Thema. Eine Familie mit einem Mann? Sie wussten ja noch viel zu wenig, was sie selbst wollten. Schon schwierig genug, dass sie sich

an diesen Runden auch noch beteiligen sollten. Dabei gefiel Trine sehr wohl, dass es da durchaus Diskussionsbedarf geben könnte. Wovon wollte Mette eigentlich leben? Sie lebte im Moment immer noch ähnlich wie ein Studentin – ein paar Jobs, ein paar Kontakte und ansonsten lebte sie vor allem für sich selbst und die eigenen Bedürfnisse. Nun – Trine hatte immer genaue Vorstellungen, wie das Leben zu sein hätte. Sie strahlte da nicht nur eine Bestimmtheit, manchmal auch eine gewisse Härte aus. Aber hatte das etwas mit der Abgrenzung von Jan zu tun? Hatte er, vielleicht auch als Gegenüber zur Abgrenzung dies hervorgerufen? Wo stand sie, wenn sie sich nicht von Zufällen treiben lassen wollte? An diese Ausweitung der Selbsterfahrung hatte Mette für diese Klausur nicht wirklich gedacht. „Ich bin nicht gut drauf", meint sie später „richtig gut fühlen ist anders." „Das sieht auch ein Blinder", gibt Trine bewusst leichthin zurück und legt ihren Arm freundschaftlich um Mette. „Du erinnerst dich, damals, als wir uns kennenlernten in dieser Gruppe. Da lag diese Frage auch schon einmal auf dem Tisch…"Wir müssen jetzt nicht weiter darüber sprechen."
„Nicht auch noch das", lächelte Mette dankbar und schmiegt sich für einen Moment fest an die Freundin. „Können wir bald gehen? Ich möchte mich heute nur noch ins Bett kuscheln."

Neustiftgasse, Wien
Seltsam – Caroline sieht sich in diesen Wochen irgendwie allein, obwohl das rein faktisch ja gar nicht mehr stimmen kann, denn dass sie längst nicht mehr allein ist, sagt die rundliche Wölbung vor ihrem Bauch

nun schon deutlich. Und sie durfte nicht ungerecht sein. Kay kümmerte sich rührend um sie und versuchte, ihr das Leben angenehm zu machen, obwohl er viel zu arbeiten hat. Aber sie weiss auch: der Grund liegt in ihr. Und Gefühl ist Gefühl. Mit Gefühlen kann man so schlecht verhandeln. Sie lassen sich nicht durch die gängigen Argumente überzeugen. In Wien will sie neben einigen Kunden auch Jenny treffen. „Was die wohl sagen wird?" „Hey toll Caro, hätt ich ja nie gedacht. Aber Respekt." Das tut gut, wenn jemand einem das zutraut. „Manchmal ist es gut, wenn man nicht immer fragen muss. Dir geht es gut. Du wirst mit deinem Kind nicht allein sein. Du machst das schon." Manchmal braucht man einfach jemanden, der einem das sagt. Caroline hätte nicht gedacht, dass auch dieses eine Seite ihrer alten Freundin Jenny ist. „Weißt du Caro, Kinder sind immer eine Frage des richtigen Partners. Wenn du den dafür hast, dann geht es. Ich wollte niemals ein Kind allein. Das ist eine Notlösung. Ich bin so einem Mann bisher nicht begegnet. Sei froh Caro, dass es so ist, wie es ist. Sag mal, weißt du jetzt eigentlich schon, ob es ein Mädchen oder ein Junge wird? Damit lenkt Jenny zu den wirklich wichtigen Fragen. Stimmt, da hat Caroline bis jetzt nicht weitergedacht. Caroline weiß von Bekannten, dass es offenbar schon geschlechtsspezifische Unterschiede geben soll. Auch junge Eltern erzählen immer wieder, dass Mädchen einfacher zu haben seien. Manche – insbesondere Mütter von zwei oder mehr Kindern - verbreiten die Weisheit „ein Kind ist kein Kind." Ein Spruch, mit dem allerdings Caroline im Moment noch gar nichts anzufangen weiß. Überhaupt, langsam wird es Zeit, sich einmal darüber zu informieren, was man alles so zu einem Kind wissen sollte. Bislang war alles ja noch so weit weg.

Dabei beginnen demnächst schon die ersten Übungen für eine natürliche Geburt, ein „Muss", dem sich eigentlich auch Kay stellen muss, sofern er sich rechtzeitig aus der Firma loseisen kann. Mal sehen, wie das so geht. Keine leichte Aufgabe, die eigene Natur zu entdecken. Und was ist heute schon natürlich? Man hofft immer, dieses Empfinden bei sich selbst zu entdecken. Die Natur strotzt von den Eingriffen der Menschen, reagiert auf allzu massive Übergriffe mit einem Klimawandel. „Aber mein Körper, der spürt doch etwas. Der hat gespürt, dass Kay der richtige ist. Der spürt und fühlt dieses kleine Leben, das in ihm wächst. Auf den müsste ich mich doch verlassen können…" Ein eigenes Kind, das ist so etwas Archaisches. Und doch, es kann so viel schieflaufen. Im Internet war Caroline zufällig über einen verwirrenden Artikel gestolpert. Da war zu lesen, dass die Gründe, warum Männer sich von einer Frau trennen, immer wieder ähnlich sind. Die Frau holt sich zu Geburt und Kinderbetreuung eine totale Allianz mit ihrer Mutter. Die Familie der Frau ist immer da, die des Mannes hat Zutritt nur auf Abmachung und besondere Vereinbarung. Neben klassischen Streitthemen wie Geld wohl ein sehr häufiger Stolperstein. „Ob wir das dann alleine schaffen und anders regeln?"

Frankfurt Airport, Terminal 2

Aufgrund der neuen Arbeit mit Basti hat Jan die Einladung zu einer Delegationsreise bekommen. Er darf in Kiew auf Einladung von Botschaft, Handelskammer und einigen Wirtschaftsvereinigungen eine Lebensmittelmesse mit ihren Angeboten aus der Ukraine anschauen. Und hier in Frankfurt trifft er noch einen älteren Handelsagenten, Dr. Schmidt, ein Urgestein von Biowissen, der ebenfalls auf dem Weg nach Kiew ist. Wie immer viel Zeit und deshalb gut, dass man Unterhaltung hat. Schmidt stammt noch aus der Urmüsli-Ära. Da hat man sein Getreide geschrotet und mit abgekochtem Wasser über Nacht eingeweicht mit und zum Beispiel mit Sauermilch und Apfelstücken gegessen. Später führt der Körnerladen auch gerösteten Buchweizen für den Geschmack und irgendwann später gab es dann die erste Müslimischung, die man heute als Basismüsli kennt: Grobe Haferflocken, Haselnüsse und Rosinen. Auf dem ersten Rapunzel-Müsli stand so ein komischer Spruch „Jeder will sein eigens haben…" Man wusste nicht so recht, was der einem sagen wollte. Später erzählte Josef Wilhelm, den Spruch hätte er auf einem typischen Allgäuer Zier-Küchentuch gefunden.

Instinktiv hatte man mit dem Müsli und seinen Hauptbestandteilen, den Haferflocken, einen besonders guten Griff getan.

Hafer, fast ein natürlich gewachsenes Wunder für die Ernährung.
Hafer ist von allen geläufigen Getreidearten vermutlich die mit Abstand beste und gesündeste. Eigentlich ist Hafer auch kein richtiges Getreide, sondern dem ursprünglichen Gras, aus dem es sich entwickelte, noch deutlich nahe. Hafer ist von Haus aus nahezu glutenfrei, auf jeden Fall glutenarm und gleichzeitig deutlich nährstoffreicher als alle anderen Getreidearten. Kein Wunder bietet der Hafer fantastische

Eigenschaften für unsere Gesundheit. Es scheint fast, als würde der robuste Hafer, der auch noch unter widrigen Umständen gedeiht, seine Widerstandskraft an denjenigen weitergeben, die sich von Hafer ernähren mit immerhin einem Proteinanteil von etwa 14 %, wenig Zucker bei den Kohlenhydraten, 7 % Fett, davon mehrheitlich ungesättigte Fettsäuren – auch zweifach ungesättigte -, reichlich B-Vitamine, Spuren von Eisen, Zink, Kupfer, Mangan, Magnesium, Phosphor, Kalium, Calcium und sekundäre Pflanzenstoffe und Antioxydanzien.

Damit ist Hafer ein vielseitiges und eben durchaus vollwertiges Lebensmittel.

„Was wollten Sie damals? Ging es um Bio?", wollte Jan wissen. „Von Bio redete man, aber man wusste nicht so genau, was das definierte. Klarer war die Sache mit der Vollwerternährung: Kein Weißmehl ohne das volle Korn, kein raffinierter Weißzucker, keine industriell ihrer Substanz beraubten Lebensmittel. Von Knochenleiden zu Allergien – diese Ernährung sollte Wunder wirken. – Essen, was gesundmacht.- schon damals. Und die Berichte darüber lasen sich wie Wunderheilungen. Zucker wurde viel durch Honig ersetzt. Vollkornmehl, Vollkornreis, Vollkornnudeln hieß das Gebot der Stunde. Biopioniere wie Davert lieferten dazu die Zutaten. Bio kam mehr über den Absender, eben Namen wie Rapunzel, Bruno Fischer, Allos oder Davert.

Eigentlich ging es vielen damals auch darum, eine Art des Natürlichen wiederzufinden. Aber was ist wirklich natürlich? Natürliche Ernährung – so dachte man – bringt den Menschen der Gesundheit näher. Dafür wurden alte Getreide und deren Nutzung zu einer Art Symbol wie Dinkel und Grünkern. Grünkern ist ja nichts anderes als Dinkel, das halbreif geerntet und unmittelbar darauf künstlich getrocknet wird. Wie man auf Grünkern kam? Aus einer Not: Bei Schlechtwetterperioden, welche die Ernte zu vernichteten drohten, wurde der Dinkel – um ihn zu retten - vor der eigentlichen Reife des Korns geerntet. Da die getrockneten Kerne – mit Wasser gekocht – sehr gut schmecken und bekömmlich sind, hat man daher in etlichen Gegenden einen Teil des Dinkel vor der Reife geerntet, um daraus Grünkern herzustellen.

Und dann erzählt Schmidt, wie man neben Müsli-Frühstück den vollwertigen Tag gestalten konnte. Eine wesentliche Zutat: Grünkernschrot. Das musste man lange in Wasser, gewürzt mit einer speziellen Gemüsebrühe kochen. Um sich Grünkernbratlinge zu machen, machte man sich die austretende Kleie zunutze, würzte die Masse mit angerösteten Zwiebeln, ein Ei zur Verstärkung der Klebwirkung war erlaubt. Dann wird die Masse etwas nachgewürzt, vielleicht noch mit sehr fein gehackter Blattpetersilie verfeinert und in Öl gebraten. Dazu ein Salat oder einen Kräuterquark. Grünkern gekocht ist auch die Basis eines leckeren Allerweltsalates: Diesmal wird Schrot in Gemüsebrühe mit etwas mehr Wasser gekocht, geht auch mit Grünkern ungeschrotet. Für den Salat sind Zuckermais aus dem Glas, klein geschnittene Paprika, gehackte Salatkräuter aller Art, knackig gekochte Erbsen, auch Bohnen denkbare Zutaten. Frische Lauchzwiebeln und kleingehackte rote Zwiebeln sind unverzichtbar. Der Salat wird auf Essig-Öl-Basis angemacht, mit Kräutersalz, Pfeffer und Paprika abgeschmeckt. Immer die gleiche Erfahrung: Das Getreide schluckt maßlos viel von der Würze und der Salat schmeckt nach längerem Ziehen umso besser.

Alte Vollwertrezepte
Grundrezept Bio-Bratlinge

Bio-Grünkernschrot vermengt mit Bio-Gemüsebrühe ohne Hefe mindestens eine Stunde lang bei begrenzter Temperatur köcheln lassen. Die Masse regelmäßig umrühren und nach Bedarf etwas Wasser hinzugeben. Die Masse soll immer bis kurz vor dem Anhaften und nicht zu feucht gehalten werden. Wenn die richtige Konsistenz erreicht ist, wird die Masse in einer Rührschüssel mit einem Ei, fein gewürfelten Zwiebelstückchen, etwas feingehackter Blattpetersilie und ausreichend Gewürzen wie Kräutersalz, Pfeffer und Muskat abgeschmeckt und gründlich vermengt.

In einer Pfanne wird Bratöl erhitzt, aus der Masse werden Bratlinge geformt und dann nach kurzem Anbraten für den Geschmack bei mittlerer Temperatur und unter entsprechendem Wenden ausgebraten.

Der Universal-Grünkernsalat.

Dazu benötigt man einen großen mit Wasser gefüllten Kochtopf, wieder die Bio-Gemüsebrühe und je nach gewünschter Menge 100 bis 150 Gramm Grünkern. Dann benötigt man noch Geduld: ca. 80 Minuten und in ausreichend Wasser kochen. Dann durch ein Sieb gießen und die Körner in eine große Salatschüssel geben. Jetzt die Grundwürze hinzugeben: hellen Balsamicoessig, Zitronensaft, Rapsöl, Olivenöl, Kräutersalz.

Dann je nach Geschmack und fertig vorgegart Zuckermais, Erbsen, Linsen hingeben. In einem nächsten Schritt frische Zutaten wie klein gewürfelte Paprika, Lauchzwiebeln, gehackte rote Zwiebel hinzugeben, abschmecken und nachwürzen. In der letzten Phase dann die Gartenkräuter wie Schnittlauch, Sauerampfer, Zitronenmelisse klein gehackt untermischen.

„Aber was rede ich, zu unserem Reiseziel passt ja viel besser ein Rezept aus der alten Zeit. Die berühmten Zucchini-Plätzchen. Man raspele Zucchini auf der flotten Lotte oder so, dann etwas Buchweizenmehl, Kräutersalz und auf drei Zucchini ein Ei zum Binden, vermenge das Ganze gut und backe die dünn geformten Plätzchen in Rapsöl von beiden Seiten goldgelb. Serviert werden die Plätzchen mit Creme Fraîche und Kaviar." „Luxus und dazu Krimsekt." „Das war einmal, dessen Ruf haben wir mit dem Ende der Sowjetunion wohl beerdigt." „Apropos in Südafrika würde man solche Gemüseplätzchen dann eher mit Hirse und Flohsamenschalen vermengen, scharf würzen und ausbacken." „Auch eine Variante". Schnell haben die beiden über die Jahre hinweg gemerkt, dass sie einander verstehen. „Ich heiße übrigens Hans-Jürgen", streckte der Ältere die Hand hin. „Nach dem Zweiten Weltkrieg liebten sie diese Doppelnamen." Nach vielen Philosophien über Ernährung und Essen merkten die beiden, dass das Einchecken für den Flug ohne feierliche Ansagen bereits begonnen hatte. „Na dann".

Kiew International Exhibition Center, Brovarsky Strasse 15

Die Lebensmittelmesse füllt immerhin eine ganze Halle. Bevor Jan im oberhalb der Halle gelegenen Konferenzzentrum in den Fachkongress zum Thema Handelsbeziehungen eintaucht, will er wenigstens einen Blick auf die Aussteller und ihre Produkte werfen. Sehr unterschiedlich. Einige der Aussteller mögen sehr kleine Betriebe sein, deren Stand wie ein Wochenmarktstand aussieht, bei anderen vermag man keinen Unterschied zu Ständen auf großen internationalen Messen erkennen. Da stehen super-verpackte Fitnessprodukte oder glutenfreie Lebensmittel und man kann gerade daran sehen, dass die Anbieter aus der Ukraine etwas zu bieten haben. An einem der Stände lernt Jan Andrey kennen. Er ist Verkaufschef eines großen Hirseexporteurs.

Der etwa Gleichaltrige erzählt Jan von seiner Firma, von der ständigen Fortentwicklung der Ausstattung, von der Überzeugungsarbeit bei den Landwirten, die für die Firma regelmäßig die Saaten anbauen, also vom praktischen Leben und davon, dass längst nicht alle Firmen wie diese sich für die solide aufgebaute mittelfristige Zukunft interessieren. Vieles von dem, was Jan da so hört, hätte er sich ohne so einen Zufallskontakt nicht vorstellen können: Der Chef der Firma exportiert seit zwanzig Jahren Bio-Hirse, wohl mehr als nur ein Landwirt, aber eben auch bodenständig. Andrey erzählt, dass er einen wirklich anstrengenden Job hat, aber dass sein Chef eben auch etwas für die Mitarbeiter tut. Die Firma zahlt ihnen sowohl das Fitnesscenter wie den Skiurlaub in den Karpaten. Eine moderne Ukraine, die man vielleicht vorher so nicht vermutet hat.

„Vielleicht dauert es ja doch nicht so lange, bis Handel mit der Ukraine zumindest für Lebensmittel eine fast normale Sache wird."

Während des begleitenden Seminars im Obergeschoss fiel ihm eine junge Frau besonders auf, Maria, schwarze Haare, ein Pony fast bis in die Augen, sehr lebendig. Eben eine Frau und seitdem sich der Kontakt zwischen Jan und Mette doch offenbar etwas gelockert hat, sieht Jan so etwas mit aufmerksameren Augen. Maria erzählt unumwunden von den Fehlern des Anfangs. „Da gab es überall Trader, Leute, die zwischen den Bauern und der Nachfrage standen und die versuchten, daran kräftig zu verdienen. Da entstanden all die bösen Bilder, die der Ukraine bis heute anhaften: Wenn man keine Bioware im Markt fand, dann nahm man solche, die laut Analyse keine Pestizide und Rückstände hatte und sagte sie sei Bio. Außerdem kümmerte sich niemand darum, was während Lagerung und Transport noch alles passierte: Silos mit Resten der letzten Lieferung von irgendwo, ungereinigte LKWs und im eigenen Land sowieso keine leistungsfähigen Labore und anfangs auch keine Biokontrolleure, die Ahnung hatten." Was Jan an Maria beeindruckte war, wie offen sie über Fehler und auch die eigenen Fehler sprach. Auch war man immer wieder der Versuchung erlegen, einmal schnell mit Zwischenhandel Geld zu machen.

Lebensmittel aus der Ukraine: Es geht voran – vielleicht für manche zu langsam, aber es bestehen Chancen.

Von den landwirtschaftlichen Möglichkeiten bietet die Ukraine an Fläche, Klima und Bodenqualität einzigartige Möglichkeiten. Das deckt sich auch mit dem Eindruck im Land. Zusätzlich hat man hier Geschmack und Zahlen zeigen, dass der Handel mit Honig, Sonnenblumen und Sonnenblumenöl, Getreide, glutenfreien Saaten wie Hirse, Soja und Buchweizen sich ebenfalls gut entwickelt. Auch Beerenfrüchte werden immer interessanter.

In Sachen Bioqualität spricht auch die zuständige Vizeministerin Olga Trofimtseva offen von einem Qualitätsproblem. Lieferungen an Kunden z.B. in Deutschland müssen professionell aufbereitet mit allen Papieren und Analysen erfolgen und nicht als Einmal-Deal missverstanden werden. Mit anderen Worten: Man geht die Probleme an, unterstützt die Firmen bei der Bioentwicklung und sorgt für qualifizierte Beratung. Ziel ist laut Aussage der Ministerin mit intelligenten Angeboten und wettbewerbsfähigen Preisen – aber ohne Dumpingpreise – voranzukommen.

Wer sich auf einer Lebensmittelmesse umsieht, der sieht, dass dort bereits seit Jahren aktive Firmen wie Agropole, der größte Bio-Hirse-Exporteur des Landes ausstellen wie natürlich auch kleinere und noch nicht so professionelle. Dazwischen aber immer wieder Firmen mit selbst für Mitteleuropa interessanten Trend-Produkten.

In einem der begleitenden Seminare zu dieser Messe hatte Agritrade Ukraine ein interessantes Begleitprogramm für Hersteller und Anbieter aus der Ukraine vorbereitet mit hochkarätigen Herstellern und Importeuren aus Deutschland, die einerseits deutlich machten, dass sie gerade an Bio-Produkten aus der Ukraine sehr interessiert sind, wenn es in Zukunft bessere logistische Möglichkeiten und berechenbare Lieferungen gibt und zudem ein gemeinsames Qualitätsverständnis gelebt wird. „Bio ist eine Anbauphilosophie und nicht die Tatsache, dass man keine Pestizide nachweisen kann", sagte ein namhafter Importeur. Da die Land- und Ernährungswirtschaft für die Ukraine und den weiteren Aufbau des Landes zur Zeit ein richtiger Faktor ist, arbeiten die entsprechenden Ministerien in Deutschland und in der Ukraine zum Beispiel über das Agritrade Projekt darin zusammen, die Voraussetzungen für den Handel zu stärken.

Neben solchen Impulsen wird es in Zukunft darauf ankommen, dass die Herkunft Ukraine mit ihren Akteuren gerade als Biolieferant sich das Vertrauen der Kunden erarbeitet und dass eine von beiden Seiten gewollte partnerschaftliche Zusammenarbeit dazu führt, dass die unstrittig vorhandenen tollen Ressourcen zum wechselseitigen Vorteil aller genutzt werden können.

Lilli-Henoch-Straße, Berlin
Olga hat seit dem letzten Seminar gelernt, dass es gut ist, sich noch viel mehr zu vernetzen. Sie hatte sich schon Wochen mit Fred, einem mittelalterlichen Startups-Dinosaurier verabredet und der kommt

tatsächlich auch am Spätnachmittag zum Kaffee. Allerdings gleich mit einer schlechten Nachricht. „Jetzt brauch ich einen Kaffee. Musste gerade Insolvenz anmelden." Olga guckt ziemlich entsetzt. Selbst so ein erfahrener Gründer, der schon Jahre mit seinen Produkten unterwegs ist, dessen Ware in vielen Biomärkten und auch im Lebensmitteleinzelhandel überall steht. Selbst so jemand kann nicht überleben. „Der Knackpunkt ist die Zeit nach dem ersten Aufbruch, vom Startups in eine Art Regelbetrieb. Du entwickelst mit guten Ideen. Es wird immer mehr mit den Ideen und dann steht da plötzlich Ware im Lager und es fehlt das Geld in der Kasse Du glaubst jeden Tag fest an den Erfolg, aber der kommt einfach zu spät, zu spät, um rechtzeitig die Kasse zu füllen."

Für Olga ist Fred schon besonders. Sie fiel ihm auf, weil er von Ideen und Begeisterung sprüht. Am liebsten nutzt er seine kleine Produktion, um an neuen Geschmacksrichtungen zu tüfteln für vegane Produktideen. Und da ist er einfach spitze.

„Essen ist nicht nur Ernährung. Es macht den Menschen aus, es macht etwas mit ihm. Wenn der olle Marx sagte, dass der Mensch das ist, was er isst, dann kannte er diese Dimension nicht so recht. Gute Produkte machen so etwas wie den guten Geist. Ich spüre manche Zutaten richtig." Olga nimmt ihn spontan in den Arm. „Du braucht heute meinen Stachelbeerkuchen. Das sind Bio-Stachelbeeren aus Werder, die ich im Spätsommer eingefroren habe. Ich wusste noch nicht für wen. Es war für dich. Das wird deine Sinne beleben, dieser toll-säuerliche Touch."

„Den möchte ich auch gerne, wenn´s geht", schallte es von einem der wenigen Tische. Das kommt von Regine. Sie hat gerade einen kleinen Unverpackt-

Laden aufgemacht. Sie hält Olga einen Artikel hin: „Musst du lesen. Vielleicht nicht immer meine Meinung, aber irgendwie trifft es vieles…"

Über den Verpackungswahnsinn oder der Fluch des Perfektionismus

Manchmal ist es lehrreich in ein Museum zu gehen und sich die Ergebnisse von Ausgrabungen von einer anderen Seite anzusehen. Aber wen interessieren schon die einfachen Tonschalen, die man in Syrien, Israel und im Zweistromland in Massen fand. „Die Wegwerfware der Antike", sagte eine Historikerin dazu. Aber ihr Vorteil: sie sind aus dem Material der Umgebung und sie zersetzen sich auch danach wieder. Sie hinterlassen keine schädlichen Spuren, sondern sind ein Symbol des natürlichen Kreislaufs, was tausende Jahre später noch der Korintherbrief Paulus aufgreift: „Wir haben diesen Schatz in irdenen Gefäßen" spricht er über die Erkenntnis und ähnlich spricht er ja auch über die Vergänglichkeit des menschlichen Körpers. Auch der wird zu dem natürlichen Material am Ende, aus dem er sich durch die Ernährung entwickelt hat.
Was aus der schnellen Sterblichkeit ungewollt herausragt ist die moderne Plastikkultur. Die will sich einfach nicht schnell zersetzen. Sie ist Fluch und Segen des heutigen technischen Könnens. Sie verhindert, dass Ware Verunreinigungen aller Art von außen annimmt. Weit mehr als nur Schmutz, auch Gifte und ungewollte Zusätze aller Art. Sie hält Ware bis zum Verbrauch clean und manchmal auch frischer als ohne. Aber sie will sich nur in wenigen Fällen einfach und zu

Lebzeiten der Menschen, die sie in Massen nutzen, zersetzen. Sie wird achtlos weggeworfen, nicht Stück für Stück gesammelt und wenigstens verbrannt, wie man es schon in der Antike mit allem Unnützen tat. Die praktisch jeweils für ihren Zweck sinnvoll entwickelte Plastikmasse ist so hochtechnologisch, dass jede der Folienschichten ihre eigene Funktion hat, Sperrschichten dagegen, dass fremde Stoffe in Lebensmittel übergehen und sie unbemerkt verderben. Bis zum Moment des Verbrauchs sehr sinnvoll und ein Symbol des hohen technischen Könnens, aber danach nicht mehr gebraucht und dann nicht ausreichend geachtet. Keiner hat Zeit und Lust, dieses Wirrwarr zu sortieren. Nur weg damit. Auf die Dauer wollen selbst die Müllhalden der Dritten Welt wollen das nicht mehr. Vieles gibt man dem Meer, das wehrt sich nicht sofort. So wird aus Plastik dann Mikroplastik und nachher kommt es im Wasser, im Meersalz, in Fischen wieder zurück in den Kreislauf und zum Menschen. Heute ein echtes Problem, aber immer noch auch so ein Symbol wie bei Paulus. Das Erde zu Erde und Staub zu Staub des vergänglichen Menschen ist in einem dagegen läppischen Verpackungsmaterial unterbrochen. Plastik für die Ewigkeit? Die Absicht damit ist oft sehr gut, aber das Ergebnis ist es nicht. Keiner will die Welt davon wieder befreien. Auch die Spezialisten und Wissenden haben dafür noch keine Lösung und der Mensch, der sehnt sich zurück nach der Welt der Antike, in der die einfache Tonschale ungefährdet wieder im Staub der Umgebung versinken durfte.

So etwa muss man die Idee unverpackter Ware zum Kauf sehen. Da fallen all die Sicherheitsfunktionen moderner Folien weg. Ein Schutz vor Ungeziefer bei Getreideprodukten, keine Absicherung gegen alle

Reaktionen natürlicher Stoffe mit Sauerstoff, die Fettreste ranzig werden lassen, erst recht keine Sicherheit gegen all das, dass über die Luft der Umwelt und den Handkontakt der Menschen so an Lebensmittel gelangen kann. Keine finale Lösung, aber ein Aufschrei gegen einen Wahnsinn, der wie der Zauberlehrling wirkt. Die ich rief die Geister, werd ich nun nicht wieder los.

Zuviel leistungsloses Plastik. Für Getränke braucht der Mensch weder Plastikhalme noch Plastikbecher. Es gibt erprobte andere Lösungen. Nur um Bioware bei Obst und Gemüse unterscheidbar von der konventionellen zu machen sind Plastikummantelungen aller Art die schlechteste Idee. Aber es brauchte lange, das zu begreifen.

Messerschmidtstraße, München

Caroline fühlt sich im Moment alles andere als eine glückliche junge Mutter. Ihr Umfang hat ziemlich zugenommen. Eigentlich ist sie in Sachen Geburtstermin bereits über die Zeit. Sie fühlt sich schlecht. Kay kann sich auch nicht alle Zeit der Welt freihalten, obwohl sein Chef immer noch sehr verständnisvoll reagiert. Alleine wollte sie nicht in die Klinik, zumal sie doch alles schon so gut geprobt hatten, das Atmen und spätere Pressen für die natürliche Geburt. Wenn er doch erst schon da wäre, der kleine Matz. So soll er nämlich heißen, kurz und knackig. Sie ist so gespannt, wie das wird. Sie ahnt ungefähr, was so alles zu tun ist. Schließlich hat sie bei Einführung durch die Hebamme genau aufgepasst. In solchen Beschreibungen klingt alles so einfach und klar, aber die Realität fühlt sich etwas anders an.

116

Natürlich soll der kleine Matz mit Muttermilch und so natürlich wie möglich aufwachsen. Schließlich macht die richtige Ernährung Kinder stark. Und auch die menschliche Muttermilch enthält besonders nahrhafte Zusätze sowie sogar Geschmacksverstärker, also natürliche Hefe, die dafür sorgt, dass die Säuglinge Lust darauf haben. Für jemanden, der sich mit Bio beschäftigt, ist das auf jeden Fall bemerkenswert. Denn für Kinder, Jugendliche und Erwachsene strebt man bei Bioqualität natürlich einen Verzicht auf Geschmacksverstärker an, weil die bei Bio nichts zu suchen haben. Bleiben dann immer noch natürliche Geschmacksverstärker. Die sind in Muttermilch enthalten und vor allem in Hefe. Auch die würde Caroline nicht gerne sehen. Warum? Geschmacksverstärker haben genau die Eigenschaft, die man bei Säuglingen sieht: sie animieren zum Essen und wenn man nicht wirklich aufpasst, sorgen sie damit dafür, dass man zunimmt und dick wird. Also nicht gut. Auch hier begegnet man der Tatsache, das essen etwas mit den Menschen macht.

Geschmacksverstärker sorgen für stärkeren Appetit und man weiß ja inzwischen, dass Übergewicht weit mehr als ein Schönheitsfehler ist. Alle chemischen Zusätze zu Lebensmitteln stehen in dem Verdacht, dem Menschen am Ende zu schaden. Wenn man überlegt, dass etwa gewisse Farbstoffe Kindern zu chronischer Unruhe verhalfen. Gar nicht gut.

Erfahrene Selbermacher wie Caroline wissen das nur zu gut. Wenn man daheim backt, ist die Zutatenliste in der Regel überschaubar, kauft man dagegen industriell hergestelltes konventionell hergestelltes Gebäck, ist man mit Fug und Recht entsetzt: Frucht in verschiedener Form, Zucker, Milch in unterschiedlichen

Formen, Hilfsstoffe für Feuchtigkeit, Haltbarkeit und mehr. Alles Dinge, die der Mensch eigentlich nicht braucht. Und wenn man gerade noch so einen kleinen neuen Menschen hat, der in einem wächst, wird einem das noch bewusster und wichtiger.

Von einigen Frauen, die bereits Kinder haben, hat Caroline den Gedanken mitgenommen, dass bereits die Ernährung als Säugling und Kleinkind da einige Weichen stellen kann. Aber sie hat auch gehört, dass die Kleinen nicht immer das wollen, was die Eltern für gut halten. Eine spannende Zeit.

Stubenring, Wien

Benny irrt mit dem Auto durch für ihn namenlose Straßen, um den Treffpunkt am MAK, dem Museum für angewandte Kunst und Gegenwartskunst zu finden. Trotz Navi nicht immer leicht. Und auf Ratschläge von Caroline muss er auch verzichten, weil die wahrscheinlich anderes zu tun hat. Der Hamburger ist hier vor allem auf den Spuren von Tim Mälzer, der hier eine Zeit lang gekocht hat.

Ach ja, Tim Mälzer, dem steht man irgendwie gespalten gegenüber. Seine entwaffnend offene Art macht ihn einerseits sympathisch. Andererseits ist dann er doch in mancher Beziehung etwas sehr hemdsärmlig und etwas zu pragmatisch. Aber das kennt Benny schon: Köche sind ohnehin ein Thema für sich. Sie möchten in Szene gesetzt werden und da weiß Benny, was er zu tun hat.

Der Ort scheint auf jeden Fall heute noch beliebt zu sein. Bei diesem Wetter ist die äußere Terrasse gut besucht. Viele Mütter mit Kinderwagen, die diesen Ort zu ihrem Treffpunkt gewählt haben. Die Karte scheint zu gefallen und da von Bennys Begleitern noch niemand zu sehen ist, bleibt noch Zeit für einen Kaffee. Das Faszinierende an diesem sogenannten Museum ist, dass auch Kochen und Essen Teil des Museums sind zum Beispiel mit Themen wie Küchenausstattung und Tischkultur. Da wird das Essen dann auch wieder über die Ausstellung eingefangen.

Benny fragt sich allerdings, ob es nicht vielleicht gut wäre, neben Klischees und Vergangenheit noch viel stärker die Gegenwart zu entdecken. Weit mehr noch als in Deutschland geht es den Menschen um Bioqualität und regionale Lebensmittel. Ein Pionier dafür war die Eigenmarke „Ja! Natürlich" Eine Art Bekenntnis, dass im Supermarkt Waren von regionalen Landwirten und kleinen Erzeugern angeboten werden. Diese Ausrichtung entspricht mehr denn je dem Wunsch vieler Verbraucher.
So bietet etwa der Discounter Hofer weit mehr Bioprodukte als die deutsche Mutter ALDI. Mit anderen Worten, man sollte sich durch Einspänner, Schlagobers und Sachertorte nicht den Blick dafür verstellen lassen, dass Rote Bete, Topinambur und Kürbiskernöl hier durchaus ebenso relevant sind. Während Benny seinen Gedanken noch etwas nachsinnt, ruft schon die Arbeit. Aufbau, vorbereiten, Licht testen – immer wieder ähnliche Spiele.

De Pipe, Amsterdam
Jan ist sehr froh, endlich mal wieder eine Zeit am Stück in seiner Stadt zu verbringen. Von Mette hat er wenig gehört, Ein paar Leute in seinem Café erzählten, sie hätte sich äußerlich ziemlich verändert, sei im Viertel oft

119

zusammen mit einer Freundin gesehen worden. So betrachtet hatte sich auch Jan ziemlich verändert. Dazu gehört auch, dass er heute sich ziemlich eilig mit Mareike verabredet hat. Um fachlich nicht total leer dazustehen, hat er neben einer neuen Fruchtlieferung, auch noch Bio-Hirse-Honig-Pops dabei. Doch der Abend verläuft dann ganz anders als gedacht.

„Mist, das mit dem Müsli ging leider gründlich schief."
„Wieso, waren die Früchte nicht gut? Haben die nicht geschmeckt?" „Ne, das war es nicht. Um es nur leichter zu machen, hab ich die Grundmischung aus Haferflocken, Nüssen und Rosinen bei jemandem gekauft, den mir Freunde als zuverlässig und gut beschrieben hatten. Die Rechnungen waren einigermaßen günstig, es schien alles gut. Ja bis dann diese Tester zum Thema „Gesund und lecker in Amsterdam" auf das Müsli stießen. Ich war am Anfang ja noch stolz darauf. Ich war ja selbst gespannt, wie die den Geschmack finden. Und kamen die mit so merkwürdigen Fragen: Sagen Sie nicht das Müsli sei bio? War es so, dass in dem besonderen Spender glutenfreies Müsli sei?" Days klang irgendwo komisch. Ohne etwas zu ahnen hab ich wie bei jeder Biokontrolle die Lieterscheine vorgelegt, damit man oohon kann, welche Zutat von wem kommt und dass ich nichts dazu geschummelt habe. Und dann gucken die nur auf den Absender: „Schon wieder dieselben - niemals glutenfreie Ware irgendwo eingekauft, auch ein Biozertifikat nie besessen. Kurz und gut, da ist weder Bioware dabei noch glutenfreies Müsli, nur Betrug. Seien sie froh, dass wir das entdeckt haben und nicht ein staatlicher Kontrolleur oder ein allergischer Kunde." Es bedurfte keiner weiteren Worte. Mareike ist jetzt noch am Ende.

Wenn man so das Vertrauen verliert und plötzlich merkt, dass man einfach nur plump getäuscht wurde, wo man nie damit gerechnet hätte. Das zieht einem den Boden unter den Füßen weg. Und das ist weit schlimmer als wenn einem ein großer Anbieter einfach den Auftrag weggeschnappt hätte. Meike hatte ihre Müslireste einfach nur noch in einen Müllsack geleert und entsorgt. Dann war sie gegangen. Schüchtern streichelte Jan Mareikes Schulter. „Mensch du. Das ist wirklich heavy."

Mareike lässt es geschehen und sie schmiegt sich einen Moment eng an Jan. Der spürt dabei ein warmes Gefühl von Nähe und mehr als nur Sympathie. Schweigend lassen sie diese Nähe zu. Als ob sie bereits seit der ersten Begegnung diesen Moment vorausgeahnt hätten.

Unvermittelt holt Mareike nach einer ganzen Weile einen Gin aus der Küche und gießt beiden ein. „Trinken wir auf einen komischen Tag, Jan. Du kennst mich ja kaum. Aber mich wirft das nicht wirklich um. Wenn du mir jetzt etwas Gutes tun willst, dann darfst du mich ausnahmsweise vernaschen. Das hättest du ja schon bei unserer ersten Begegnung am liebsten getan. Ich hab es dir damals sofort angesehen. Ich scheine dir sehr gefallen zu haben Aber merk dir, das ist kein Dauerzustand und kein Freibrief."

Invalidenstraße, Berlin

Die Diskussionsgruppe quält sich gerade mit der Frage nach dem inneren Kern des Bioangebots der anwesenden kleinen Produzenten. Fred ist dazu gestoßen, weil er sich immer noch eine Heilung für seine erst einmal gescheiterte Marke erhofft. In Berlin

121

ist der Wettbewerb der kleinen Newcomer groß und deshalb müssen die Ideen, die Erfolg versprechen, eher richtig krass sein. Was hier motiviert ist auch, dass der Handel solchen kleinen Anbietern durchaus eine Chance gibt. Und da machen sich natürlich auch Berater breit, die Konzepte, Reflexion und vermeintliche Hilfestellungen gegen bare Münze anbieten.

Einfache Fragen wie: Was ist das Besondere an deiner Marke? Werden zu ganzen Seminartagen ausgewalzt und in Gruppen und Plenumsrunden diskutiert, in Flipcharts und Klebezettel verwandelt und müssen am Ende sehr oft feststellen, dass das wofür solche Anbieter täglich brennen, doch nur das Normale zu bieten haben.

Fred muss über die Diskussion um sich herum staunen. „Bin ich hier im falschen Film?" Wer so nach seiner Identität als Bioanbieter suchen muss, der hat sie offenbar nicht. Für Fred unverständlich. Denn eins fehlte ihm nie: Er brennt für das, was er macht. Manchmal mag ihm ja vielleicht die richtige Einsicht fehlen, was sich verkaufen würde, manchmal auch die richtige Strategie, was man wem anbietet. Aber an innerem Feuer, da fehlt es ihm bestimmt nicht.

Es gab schon Berater, die haben ihm wirklich geholfen, wenn es darum geht, die eigenen Schwerpunkte zu bilden, sich künftig besser aufzustellen, aber hier scheint es derlei nicht zu geben. „Wir wollen das jetzt doch einmal positiv formulieren." Haha „soll ich jetzt sagen, dass die eingeleitete Insolvenz mir die Möglichkeit gibt, über mich und mein Engagement noch einmal neu nachzudenken? In einer Weise stimmt das ja sogar. Aber das verdanke ich bestimmt nicht den Figuren, die da gerade das Heil herbeireden wollen."

Fred macht es eben Spaß, wirklich total andere Produkte zu erfinden und zu entwickeln wie etwa einen nach Butter schmeckenden veganen Aufstrich auf reiner Ölbasis, ohne gehärtete Fette als die wirklich unstreitig gesunde Alternative zu Margarine. Das Problem dabei ist, ein solches Produkt muss man erst einmal verstehen und man muss es so in den Markt bringen, dass auch die Kunden und Verbraucher es verstehen. Und das entscheidet dann über Wohl und Wehe einer Firma.

Nach solch einer etwas sinnlosen Runde, erholt sich Fred auf dem Heimweg doch lieber mit einem leckeren Kuchenstück in Olgas Café. Und er hat Glück und Olga ist da. „Und was wirst du jetzt machen", fragte ihn Olga. „Das, was ich auch schon in den letzten Jahren gemacht habe: Ich suche nach meinem Trauminvestor, der mein Engagement und meine Produkte versteht, der darin wie ich eine Chance sieht und der das Geld hat, das zumindest ein wenig zu finanzieren." So sind sie, die Gründer, wie ihr früherer Bürgermeister über seine Stadt sagte: „Arm, aber sexy." Mal sehen, was man sich dafür kaufen kann?

`Ein.herz-fuer-bio.org`
Ist Berlin ein Spiegel der Innovationen für Bioprodukte und dazu passende Lebensmittel

Wir haben uns etwas umgeguckt: Feinkostabteilung, Feinkostgeschäft, Bio-Supermarkt und Vollsortimenter – keine Frage Bioqualität ist in der Hauptstadt vertreten.

Alle Trendthemen sind soweit vertreten: vegan, glutenfrei, regional, Superfood und Proteinprodukte. Glutenfrei stößt breit aufgestellt bis in die Feinkost vor. Der Wunsch danach ist sicher verbreitet, vielleicht deutlicher als der Boom von hoch-proteinhaltigen Angeboten.

„Made in Berlin" ist stark die Sache der Startups, die mit teuren Saucen und interessanten Rezepten die Hauptstadt unterhalten und geschmacklich befeuern wollen. Durch und durch Gesundes punktet eher im Biosupermarkt wie etwa Aufstrich mit Buttergeschmack auf rein pflanzlicher Basis.

In der kalten Jahreszeit fällt ein sehr breites Angebot von fertigen Suppen in Glas und Dose in allen Geschäftstypen auf. Etliche davon treffen wir freilich in dem Geschäft für Ware mit nur noch kurzem Mindesthaltbarkeitsdatum wieder. Scheint alles doch nicht wirklich proportional zu den belegten Metern abverkauft zu werden.

Was fällt noch auf? Die neue Lust auf Luxus bei Wurst, Fleisch und Käse – gerne zusätzlich in Bioqualität und stets mit Herkunft von einem bestimmten Hersteller „Kaufst du auch von Hof xy, oder von der xy aus Italien", ähnliche Situation in den besooron Vierteln aller Großstädte von Hamburg bis München.

Die Sehnsucht nach Authentizität ist da und sie hat ihre kleinen Inseln, an denen sie erfüllt wird, aber dies würde für den normalen Einkauf nicht reichen und die Wunscherfüllung aller weder vom Preis noch von der Menge reichen. Dass die Vollsortimenter sich anstrengen, sieht man freilich auch, aber etwas mehr innere Farbe täte denen auch gut und zwar nicht nur mit einer Auswahl von Trendgetränken.

Ja, Berlin ist sicher ein typischer Spiegel der derzeitigen Lebensmittelsituation und Nachfrage in Deutschland, aber dann auch wieder einer, den wir in jeder deutschen Großstadt ähnlich treffen.

Messerschmittstrasse, München-Schwabing

Das Leben ist gründlich anders geworden. Von wegen natürliche Geburt. Der kleine Matz hatte überhaupt keinen Bock darauf. Und damit hat er erst einmal Carolines Pläne über den Haufen geworden. Schnöder Kaiserschnitt. Ohne den wäre es überhaupt nicht gegangen. Inzwischen sind die beiden schon seit drei Wochen daheim und beginnen damit, sich aneinander zu gewöhnen. Der Sommer ist dafür ideal. Die kleine Wohnung ist eng geworden zu dritt. Aber für Kay ist Matz der ganze Stolz. Jede freie Minute nimmt Kay ihn in den Arm. So ein junges Leben ist ein tolles Erlebnis. Allerdings ist der kleine Mensch auch sehr eigenwillig. Das einzig Gute: Das mit der Muttermilch klappt prima. Das ist gerade in den ersten Monaten eine Super-Erleichterung. Noch hat Caroline keine reale Vorstellung, die das sein wird, wenn sie jedes Mal mit Babymilch und Gläschen unterwegs sein wird und sich vorkommt wie bei einer Expedition mit Windel, Feuchttüchern und sonstigem Zubehör.

Obwohl, das Wickeln ist schon immer der Härtetest. Da kommt es dann schon sehr darauf an, dass man einfach die Ruhe behält – wie überhaupt wohl mit Kindern. Kay stellt sich damit schon ziemlich geschickt an, selbst wenn er im Job derzeit ganz schön gefordert ist. Er würde gern den Sprung zum leitenden Angestellten schaffen, weil er sich davon eine sichere Position erhofft. Aber irgendwie gibt ein kleiner Sohn wie Matz dafür eine andere Gelassenheit. Es zeigt einem, das was zählt und was wirklich wichtig ist. Und ja, Karriere ist mehr dafür da, um das Leben etwas berechenbarer zu machen, aber Erfüllung ist das nicht wirklich.

`St. Pauli Fischmarkt, Hamburg`
Manchmal gibt es für Benny auch Heimspiele. Heute ist eine Fotoserie über Craft Beer, deren Macher und deren Küche an der Reihe. Da mussten sich die früheren Weinpäpste unter der Gourmet-Zeitschrift schon erst mal überwinden, auch hier Trend und Geschmack zu entdecken. Aber auch hier in der Gastronomie sind viele Innovationen umgesetzt: Wer kann etwa an süßem Kürbis mit Aktivkohlesahne und gerösteten Walnüssen einfach vorbeigehen? Leckere Salat mit Rote Bete und natürlich das eigene Craft Beer. Die Namen, durch die man sich erst einmal probieren sollte: Original, Imperial Lager, Pale Ale, IPA, White IPA. Das alles klingt nur gut, es schmeckt tatsächlich. Dazu noch Sondereditionen, ein festliches Bier, Winter-Ale und – wir sind in Hamburg – ein Senats-Bock In aller Mehrdeutigkoit dieses Namens Der Trend zu Micro-Brauereien war eigentlich schon lange da. Benny erinnert sich, wie einer der Macher aus der Holsten-Brauerei, als sie noch nicht zu Carlsberg gehörte, ihm schon fasziniert von dem weltweiten Trend erzählte. Aber jetzt ist eben wieder die Zeit dafür und dann dem Bier und seinem Handwerk noch ein wenig näher zuzusehen. Stolz berichten die Micro-Macher „Ideen, Rezepte und Rohstoffe liegen in unserem Sudhaus und der kleinen Brauerei. Wobei eigentlich „schwimmen" das viel bessere Wort wäre als „liegen".

Denn genau das machen unsere Ideen ja: sie schwimmen in den 1500! Liter fassenden Tanks." Der Reiz ist einfach etwas mehr Abwechslung, mehr Erkundung, mehr Erlebnis und die Chance, mehr über Bier zu erzählen.

Bevor Benny allerdings selbst probieren darf, ist erst einmal Präzision gefragt. Schaum inszenieren, das goldene Nass mit Gegenlicht inszenieren und dazu einige der Leckereien aus der Küche.
Das ist mehr die Nummer: „Geschmack first" „Muss immer alles vegan sein. Wir genießen, was uns schmeckt." Aber nicht schlecht. Alles was die Szene farbiger macht, ist gut. Schließlich muss es zum Bier ja nicht immer Labskaus oder Sauerfleisch mit Bratkartoffeln geben. Obwohl – wer die typischen Hamburger Spezialitäten gut macht, hat nach wie vor keinen Grund, sich zu verstecken. Die Renaissance des Regionalen bringt eine neue Vielfalt hervor. Den allzu Verbissenen sollte man besser nichts erzählen und weder Labskaus noch Sauerfleisch gibt es wohl als vegane Alternative. Und wer sich allein an solche Genüsse zu erinnern wagt, wie etwa die Bratkartoffeln mit etwas Speck, der sollte solche Kreise besser meiden. Manchmal ist es halt gut fürs Image, wenn man da mitmacht. Sonst würde man vor allem bei bestimmten jungen Frauen jegliche Chance verspielen. Also ist das besser kein Thema, aber eben ein Thema für die unbeachteten Männerabende.

Als Benny endlich die Arbeit im Kasten hat und die Bilder bereits vorsorglich auf den Rechner gezogen hat, darf er sich wenigstens auch noch ein klassisches

Helles genehmigen. Genau das Richtige. Gut, wenn man gerade das schlürfen kann, wonach einem ist.

Lilli-Henoch-Straße, Berlin

Olga hat sich mit ihrer veganen Erdbeertorte besondere Mühe gegeben und sie findet auch, dass sie phantastisch aussieht. Und wenn man bedenkt, dass sie diesmal sogar die Erdbeeren direkt vom Hof in Werder geholt hat. Eigentlich unbezahlbar. Aber was tut man nicht alles. Mal sehen, wie der ankommt.
Heute Nachmittag ist wenig los. Ein hochgewachsener Blonder kommt allein und möchte einen „normalen Kaffee". „Kommt nicht von hier." Stimmt, Christoph kommt aus der Gegend von Vechta. Er ist in der Stadt, weil er sich bei einem Kollegen angucken möchte, wie Geflügelfleisch fertig mariniert verzehrfertig herstellt und verpackt wird. „O Gott, echte Tiere." Aber irgendwie gefällt Olga die spitzbübische Art von diesem Christoph trotzdem. Und da sonst kein Gast in Sicht ist, setzt sie sich ein wenig zu ihm. „Magst du vielleicht einmal diesen tollen Erdbeerkuchen probieren?" „Sieht in der Tat verlockend aus." Olga schaut ihm gespannt zu. Nach den ersten Bissen sagt er:" Hättest Du vielleicht etwas Sahne? Dann wäre er sicher noch besser." Olga überlegt, „Soll sie ihm jetzt erklären, dass Sahne nicht vegan ist?" Vermutlich würde er es sowieso nicht verstehen. Also schaut sie in der Küche nach, ob sie den Wunsch erfüllen kann. Das ist ihr noch nie vorgekommen. Und weil sie es nie getan hat, probiert auch Olga ein Stück von dem eigentlich reinrassig veganen Erdbeerkuchen mit Kuhsahne. Schmeckt gar nicht schlecht, ehrlich gesagt sogar besser als ohne.

Zugegeben, so jemand wie Christoph hatte Olga bis jetzt noch nicht kennengelernt. Der passt so gar nicht hier hin, wirkt so natürlich und irgendwie gut. Und so kommt es, dass man ein wenig mehr erzählt. Christoph arbeitet in einer Geflügelverarbeitung, Teil einer wohl größeren landwirtschaftlichen Produktion, die vom Futteranbau über die Putenmast bis hin zur Verarbeitung von gekühlten Fertiggerichten geht. Er ist von der Art, wie die Firma arbeitet durchaus überzeugt. „Nein in einem konventionellen Betrieb dieser Art würde ich niemals arbeiten. Die Masttiere dort sind völlig degeneriert und dienen allein dem Fleischansatz. Wenn in einer größeren Mastanlage einmal in die Hände man klatscht, fallen gleich mindestens drei Tiere tot um. Das ist pervers. Wir machen das ziemlich anders." Gut, dass Olgas veganen Freunde und Kunden jetzt nicht zuhören. Für die sind Schweine und Puten Tiere wie Hund und Katze. „Tiere lieben heißt nicht nur Haustiere lieben." Die würden sich allein bei dem Gedanken daran, etwas vom Tier zu essen, schütteln. Die kennen natürlich all diese Diskussionen um Höhlenmenschen und deren Ernährung. „Damals da brauchten unsere Vorfahren das vielleicht. Aber wir…Allein der Flächenverbrauch und Wasserverbrauch für Rinder und Schweine, das verbraucht die Ressourcen von zweimal der Erde und dann, wie eklig das ist, unsere vierbeinigen Mitgeschöpfe auch noch zu verspeisen…" Gedanken, die offenbar für jemanden wie Christoph ganz fern waren. Und dann zeigte der auch noch Interesse für Olga.

Erkenntnisse zu Geflügelfleisch

Für alle, die sich keiner reinrassig veganen Gesinnung anschließen können, ist Geflügelfleisch die Alternative zu dem Normalfleisch, leicht, etwas besser, für heranwachsende Mädchen das Fleisch, das auch Vegetariern manchmal schmeckt. Beginnen wir mit Hähnchen und Legehennen: Wenn es rationell zugehen soll, dann werden die heute zu Zehntausenden in Riesenställen gehalten. Ja, Hühner benehmen sich wie Herdentiere, sie glucken beieinander, aber von Haus aus so nun wieder auch nicht. Vorzeigetiere sind das alles nicht. Die normale Lebenserwartung liegt bei 39 bis 48 Tagen, dann wird geschlachtet. Schon allein das zeigt, was Massenbetrieb ist: Ein guter Monat und dann die nächsten bitte.

Das Schicksal von Legehennen und Hähnen war immer wieder Gegenstand von Skandalmeldungen und investigativem Aktivistentum: Tote Tiere im Stall, „liebloser" Umgang mit kranken oder verendenden Tieren, Schreddern von männlichen Kücken. Nebenwirkungen einer Massenproduktion, zu der jeder Deutsche mit rund 12 kg Verzehr im Jahr beiträgt. Für vegetarisch angehauchte junge Erwachsene ist Geflügel das letzte Fleisch, das noch akzeptiert ist, hell, kalorienarm – da möchte niemand schlechte oder problematische Nachrichten damit verbinden. So manch irreale Tierliebe, die der Landwirtschaft völlig fern ist, glaubt dann, man könne ein Huhn wie eine Hauskatze sehen und beurteilen. So geht es nicht. Selbst in Bio-Stallanlagen für Legehennen sind 20 000 Tiere in einer – zugegeben etwas geräumigeren –

Stallanlage zu finden. Nicht für schwache Nerven, weil eben in dieser Masse in der Tat auch kranke und sterbende Tiere vorkommen, weil Tiere unterschiedlich auf Futterumstellungen, auf Umwelteinflüsse reagieren.

Tierhaltung und Geflügelproduktion sind alles andere als Selbstläufer. Mast und Pflege von Tieren riskiert auch deren Verlust. Etwa auch bei dem immer beliebter werdenden Putenfleisch. Eine komplizierte Aufzucht. Da gibt es Fälle, in denen die Massentierhaltung richtig problematisch wirkt. Für manche der Tiere verursacht die Massentierhaltung einen derartigen Stress, dass sie schon bei einem lauten Geräusch förmlich tot umfallen. Das wurde beispielsweise gerade auch für eine Bioputenmast ein Problem: Denn die Fütterung, die laut Bioverordnung generell für Tiere vorgeschrieben ist, wird nicht von jeder Rasse gleich gut vertragen.

So sehr sich auf der einen Seite der Konsum von Geflügelfleisch in den letzten Jahrzehnten als das fettarme, leichte Fleisch seinen Weg in die Haushalte gemacht hat, so klar wurde gerade für die kritischeren Verbraucher auch, dass die Geflügelmast in ihren Augen mit allen Exzessen der Massentierhaltung in Verbindung gebracht wurde. Diese Lage legte es für Spezialisten aus dem Handel nahe, dass man die Augen für eine echte Differenzierung offenhielt. Bio-Fleisch hat nicht nur die Probleme von Verfügbarkeit und Preis, sondern trägt immer auch die Frage in sich, wie man die besondere Qualität von Bio-Fleisch erlebbar machen kann. Putenrasse als Dreh- und Angelpunkt: Wie sollte die optimale Biopute beschaffen sein? Nun sie sollte natürlich ihre Bioprivilegien wie großen Auslauf und Platz auch schätzen und nutzen. Sie sollte mit der Gemeinschaft so friedlich leben, dass die nicht gekürzten Schnäbel kein Problem werden. Sie sollte in dieser Haltungsform möglichst wenig anfällig für Krankheiten und Stress sein. Gerade in der konventionellen Massentierhaltung wird das gerne zum Problem: die schnelle Mast produziert ebenso schnell Fleisch ansetzende Tiere, deutlich anfälliger für Keime sind und auf ein Leben in Freiheit keineswegs nur positiv reagieren. Das ist der Stoff, aus dem die Vorstellungen der Skandale kommen. Anfällige Masttiere, Horrorbilder aus Ställen mit kranken Tieren und schon finden sich alle Vorurteile gegen Massentierhaltung bestätigt. Ja und dann das Futter: Jede Woche so ein komplett bestückter Stall einmal das komplette Silo leer. Das konventionelle Futter ist für die Tiere in Sachen Zusammensetzung stets egalisiert, aber Biofutter fällt mit natürlichen Schwankungen aus. Das macht dem Verdauungsapparat von Masttieren gelegentlich Probleme. So wie sich nicht jeder Mensch mit Vollwerternährung leichttut. Die Fähigkeit, natürliches Futter zu vertragen, ist bei normalen Masttieren kaum noch vorhanden. Soweit ein kleiner Austlug in die reale Landwirtschaft. Auch wer sich nach Ansicht von Naturfreunden und Tierschützern positiv verhält, tut für seine Tiere damit wirklich nur Gutes.

Eine mögliche Lösung für Puten lag schließlich in der Wahl der Rasse: Man suchte nach einer Putenrasse mit dem Wunschprofil. Da die meisten Tiere auf konventionelle Wünsche ausgelegt sind, keine ganz alltägliche Aufgabe, so als ob man bewusst ein langsames Auto suchen würde. Auf den britischen Inseln wurde man fündig: Die Rasse Auburn schien auf viele dieser Wünsche zu passen. Sie setzt überhaupt nicht sehr viel Fleisch an, ist gesellig und vor allem robust. Sie versprach auf jeden Fall viele der gesuchten Ideale zu erfüllen: Wenig krank, gute Verwertung natürlichen Futters. Hier setzte man an. In entsprechender Vorarbeit macht dann ein Geflügelproduzent seine Erfahrungen mit dieser besonderen Kreuzung aus englischen Freilandputen und der Hybridrasse. Diese braunbefiederten Tiere sind robuster und vitaler. Sie eignen sich daher perfekt für die Auslaufhaltung und wachsen langsamer durch eine angepasste Ernährung. So weit geht manchmal die Arbeit, damit Verbraucher nicht nur das gewünschte Geflügelfleisch bekommen, sondern auch noch eine wirklich stimmige Herkunftsgeschichte.

Von Hähnlein und Bruderhähnen

Und dann gibt es da noch ein ganz anderes Problem: Von den Eiern, aus denen man auch Bio-Tiere heranziehen möchte, enthalten auch diese im Schnitt zur Hälfte männliche Tiere. Im konventionellen Bereich hat man sich dazu nur selten ein großes Gewissen gemacht. Will sagen, die männlichen Tiere werden geschreddert und entsorgt, weil man sie weder für die Mast noch einen Legebetrieb brauchen kann. Aber in Bio? Da rührt sich dann doch das ethische Gewissen. Was tun? Also die männlichen Küken dann doch mit Aufziehen und die Kunden dann bitten, einen gewissen Mehrpreis für die Eier in Kauf zu nehmen, wenn man die nicht so viel und schnell Fleisch ausbildenden Tiere ebenfalls aufzieht und nachher als weniger rentables Mastfleisch verkauft, für das man dann auch noch einen für die Biomast vorgeschriebenen großen Auslauf einplanen muss. Ein aufwändiges Verfahren, das man vor allem erst einmal Kunden und Handelsketten erklären muss, bis sie dann darauf einsteigen.

Nieuwe Meerlaan, Amstelveen

Mette fragt sich immer noch, was sie damals geritten hat, ausgerechnet eine Kinderfreizeit auf einem Ziegenhof zu betreuen. Die Sehnsucht eines Stadtmädchens nach der Natur? Sympathien für einen Demeterhof? Die Herausforderung, mit Ziegen fertig zu werden? Oder schlicht Lust auf Abwechslung? Und nun steht sie da und hat gerade einmal zwei Stunden Einführung Zeit, bevor die erste Horde von zwanzig Kindern über sie hereinbricht.

Interessant ist das schon. Man lernt eine Menge über die Besonderheiten der Ziegenmilch, obwohl das natürlich ein tierisches Produkt ist: Ziegenmilch wird wegen ihres hohen Gehaltes an Vitaminen, Mineralstoffen und Spurenelementen als besonders wertvoll für die Ernährung angesehen. Die gute Verdaulichkeit ist seit Langem bekannt, daher greifen viele Patienten mit Verdauungsproblemen auf die bekömmliche Milch zurück.

Die Fettsäuren der Ziegenmilch sind scheinbar leichter verdaulich und setzen sich angeblich nicht an der Hüfte als Fettpölsterchen ab. Daher kommt die Milch bei einigen Diäten zur Gewichtsreduzierung zur Anwendung Ein großer Vorteil der Ziegenmilch liegt offenbar in ihrer guten Verdaulichkeit, die nicht erst durch Homogenisierung hergestellt werden muss, wie man das bei Kuhmilch macht. Allergiker vertragen sie offenbar auch besser.

All das muss freilich jemanden, der vegan lebt, nicht wirklich interessieren. Da geht es dann nur um das Leben mit den Tieren, nicht um essen und trinken. Ansonsten sind Ziegen das, was man ihnen nachsagt: zickig und bockig, zumindest dann, wenn man nicht von Haus aus von einem Hof kommt und sich auskennt. Und so hat auch Mette ihre liebe Not, sich in diesem Gatter zu behaupten, wäre da nicht Piet, der eingreift, wenn gar nichts mehr hilft. Einerseits ärgert es Mette, weil sie es nicht allein schafft, andererseits hat er Mette schlicht aus der einen und anderen Klemme befreit. Und da man Kindern nun einmal nichts vormachen kann, muss sie schnell einen positiven Weg finden, damit klarzukommen. „Schaut Piet an, der zeigt euch, wie es geht und ich mache vor, wie es nicht geht. Aber dafür mache ich wahrscheinlich die besseren Pfannkuchen, denke ich." Damit hat sie etwas in die Welt gesetzt und damit muss Mette dann auch zeigen, dass es stimmt." Gut nur, dass man auf einem Demeterhof für Pfannkuchen auf beste Zutaten zurückgreifen darf. Obwohl… mit echten Eiern und Milch hat sie den lange nicht mehr gemacht. Aber so sind hier nun einmal die Sitten: Für Lebensmittel genauso wie für das Futter der Tiere kommt das allermeiste vom eigenen Hof. Und nachdem Mette sich dazu durchringt, die Zutaten als gegeben hinzunehmen und mit den Kleinen dann auch noch Waffeln macht ist alles perfekt. „O.k. ihr Monster, dann bekommt ihr, was ihr mögt", fügte sich Mette ihrer Nachfrage: „Ihr sammelt jetzt im Hofgarten die Früchte und ich bereite euch dazu Grießschnitten vor. Das Rezept für uns braucht 4 Liter Milch, wir erst einmal aufkochen, 800 g Hartweizengrieß, 200 g braunen Zucker und eine reichliche Prise Salz. Da brauche ich jemand, der das beim Kochen ganz gewissenhaft rührt, damit nichts anbrennt." Zwischendurch guckt Mette, ob vielleicht noch etwas mehr Milch gebraucht wird. Wenn alles gut durchgekocht und gequollen ist, dann verteilt man alles möglichst gleichmäßig verteilt auf einem gefetteten Backblech und lässt es ruhen und völlig abkühlen. Das braucht viel Zeit, genau die Zeit, um genügend Johannesbeeren, Himbeeren und Erdbeeren im Hofgarten zu sammeln, die Früchte zu säubern und leicht gesüßt durchziehen zu lassen.

In diesem Fall wird das Ergebnis nachher in rechteckige Stücke geschnitten, richtig klassisch paniert mit einer Mischung aus Semmelbröseln und Ei gewürzt mit etwas Zimt und Vanillezucker und in Butter Stück für Stück in einer großen Pfanne von beiden Seiten ausgebacken und anschließend mit den fertigen Früchten zusammen verspeist. „Aber wartet, euch krieg ich auch anders" denkt sich Mette und will einmal sehen, ob sie nicht auch mit einer glutenfreien und veganen Variante genauso landen kann. Nur muss sie eben zwischen-durch dazu noch ein paar Zutaten mitbringen.

Mettes Fliederbeersuppe

Was man dazu braucht: den Saft von reifem Holunder. Der wächst bekanntlich überwiegend wild, muss gepflückt und reif geerntet werden und wird schlicht in Wasser gekocht und je nach Menge anschließend durch ein Sieb oder ein grobes Leintuch gegeben und in Flaschen abgefüllt.

Für eine leichte Süßung eignet sich Agavendicksaft, und für die leichte Verdickung des aromatischen Saftes eignet sich Lucuma. Das ist ein Fruchtpulver, das stammt aus dem Hochland von Peru, Chile und Ecuador. Sie bieten neben dem leichten Verdickungseffekt noch Ballaststoffe, Beta-Carotin, B-Vitamine und Eisen.

Dadurch bekommen Smoothies und Cremes eine geschmeidige Konsistenz ohne zu starkes Eindicken. Jetzt muss diese Masse nur noch vor dem Servieren einmal erhitzt werden.

Und dazu gibt es dann Hirseklößchen.

Dafür wird Hirse mit etwas Rohrzucker in Mandelmilch aufgekocht und durchgequollen. Nach dem Erkalten sticht man mit zwei Löffeln die Klößchen aus dieser Masse und gibt sie in die bereits warm angerichtete Fliederbeersuppe. Wie schon oft gesehen: Weniger Zutaten sind mehr und das Ergebnis schmeckt so gut, dass niemand eine tierische Zutat vermissen würde.

`Große Straße, Vechta`

Weil Olga sowieso zwei Schulkameraden von früher in Oldenburg besuchen will, hat sie auch ein Wiedersehen mit Christoph untergebracht und sich an einem Mittag mit ihm verabredet. Man wird dann ja sehen. Olga ist da immer sehr spontan, wenn sie schon einmal unterwegs ist und lässt sich von der Situation überraschen. Es stellt sich heraus, dass sie in einem altertümlichen Restaurant verabredet sind. Viel Auswahl gibt hier ohnehin nicht. Da Olga etwas zu früh vor Ort ist, studiert sie die Karte.

„Oh Gott, ein Fleischparadies, Schnitzel, Steak und Fleischplatte." Als Christoph ihr lächelnd entgegenkommt, spürt er, dass der Ort nicht so richtig gefällt." „Ja, da gibt noch einen Türken und so einen Imbiss und viel mehr hat leider nicht auf. Die meisten Leute gehen hier nur zu Familienfesten essen. Aber die haben auch ein vegetarisches Gericht auf der Karte."

Manchmal ist schon das Aussehen einer Umgebung ein Omen für das, was vor Ort passiert. Ein sonniger Nachmittag in Berlin kann einen zu dem Gedanken verführen, dass auch ein Leben fernab der Metropolen seinen Reiz hat. Aber wenn man schon gleich zur Begrüßung mit Enge und Altertümlichkeit begrüßt wird. Christoph erzählt begeistert, dass sie demnächst auch vor Ort fertige Gerichte herstellen werden „aus echtem und unechtem Geflügel", wie er betont."Fleischersatz müssen wir noch üben." Da schimmert wieder dieser pfiffige Humor durch, den Olga so mag. Ja, Christoph ist wirklich nett. Er spürt das Unwohlsein der Situation bei Olga, aber so ein Besuch vor Ort zeigt einem dann doch die Grenzen des Möglichen auf. An einem lauen Sommerabend in Werder kann ein Städter schon mal dazu versucht sein, das Landleben und gerade auch die Nähe zur Landwirtschaft schön zu finden. Aber es bedarf eben schon einer sehr großen Liebe, um den Schritt dahin schön zu finden und die will in dieser Situation nicht aufkommen.

Als sie in den Park der alten Zitadelle einbiegen, kommt wenigstens die Sonne auf. Christoph erzählt, wie die Gegend sich entwickelt. Aber die Pioniere hier müssen wohl aus einem anderen Holz geschnitzt sein. Alles sehr ländlich, selbst wenn es hier vor Jahrhunderten auch schon mit der Gräfin von Ravensberg eine mutige Frau gegeben haben soll. Aber doch wohl eher nicht Olgas Rolle. Und Christoph, der gehört hierher. Der will Gedanken von außerhalb hier hineintragen, will das, was schon lange hier war, weiterentwickeln.

Eigentlich ist Olga froh, dass Christoph ihr etwas über sie selbst gezeigt hat. Und so wird es dann doch noch ein sehr netter Nachmittag. Sie holen sich beim Bäcker einen Kaffee und setzen sich in den Park. „Und du glaubst, dass die Menschen auch hier demnächst neben Geflügel und viel Fleisch auch noch vegetarische Burger und andere Sachen essen werden.?" „Also hier in der Nähe werden auf jeden Fall sehr sehr viele davon hergestellt. Da wird man sie bestimmt auch essen." Da hat er nun auch wieder recht.

Messerschmidtstraße, München
Sobald Matz schläft, macht sich Caroline an die Arbeit. Ideen fürs Bloggen und telefonieren. Sie hat inzwischen einige junge Frauen in der Nachbarschaft kennengelernt, mit denen und deren Kindern sie demnächst den ersten Gläschen-Text machen will. Nach dem Motto: Wie gut schmeckt Babynahrung? Nach einer Kaffeerunde war man sich einig. Getestet wird ein günstiges Produkt aus dem Drogeriemarkt, ein Markenprodukt aus dem normalen Lebensmittelhandel und ein Produkt aus dem Bioladen.

Was den Beteiligten voran gar nicht so klar war: Bioqualität bieten alle. Für Babynahrung gelten zudem hohe Qualitätsvorschriften. Die mögliche Belastung der hier verwendeten Zutaten wird viel strenger geprüft. „geeignet für Babykost" ist eine eigene Liga. Und trotzdem: die höchste Bioqualität ist keineswegs sehr teuer. Tatsächlich gibt es ja auch schon Gläschen mit Quinoa. Aber ob die Kleinsten von Natur aus eine Art Sensus für guten Geschmack haben? Caroline hat da schon heftig mit zwei Müttern von etwas älteren Kleinkindern diskutiert. Ab einem gewissen Zeitpunkt prägt auch das häusliche Angebot den Geschmack der Kinder. Caroline hat sich vorgenommen, auf dessen Ausbildung genau zu achten: Es soll keinen zu süßen Ketchup geben, keine 08/15-Scho.k.ocreme oder Schokolade, schon gar nicht all diese Schokoprodukte für Kinder.

Aber zum Start geht es ja erst einmal um Gemüse: relativ geschmacksarme Gläschen mit Zucchini und wie immer für Babies sehr wenig gewürzt, weil in dem Alter Salz wie Gift wäre. Gibt es da einen Unterschied zwischen Demeter-Qualität und normalem Bio? Und welche Variante schmeckt den Kleinsten? Caroline ist selbst schon gespannt, denn das Problem wird sie selbst schon sehr bald auch ereilen und dann ist sie froh, wenn sie auch von diesem Experiment schon etwas an Vorerfahrung mitnehmen kann.

Alle Eltern haben bekanntlich das Problem, dass sie Angst haben, ihr Kind könnte nicht ausreichend essen. Diese Angst sitzt irgendwie tief drin und sobald nicht mehr die Muttermilch angesagt ist, kommt sie dann so als eine Art schlechtes Gewissen. Diese Gratwanderung zwischen dem natürlichen Hunger und der Fürsorge.

Die getesteten Gläschen schmecken tatsächlich etwas unterschiedlich. Für die meisten Mütter punkten die aus dem Drogeriemarkt. Da werden sie auch am meisten gekauft. Einer Nachbarin, die aus Frankreich kommt, erscheint es immer noch unpraktisch, dass es in Deutschland immer noch die Gläschen aus echtem Glas gibt „In Frankreich kommt alles bruchsicher in Plastik, da ist irgendwie praktische." Außerdem erzählt sie, dass es inzwischen eine Biomarke gibt, die Babykost als Tiefkühlware anbietet. „So sollen die Kleinkinder einen besseren und originaleren Geschmack bekommen." Ja, wenn man so denkt, dann kann man die Babykost doch gleich selbst herstellen aus frischen Zucchini mit einer Kartoffel und eben ohne die für Erwachsene übliche Würzung. Etwas Butter oder Olivenöl dazu und schön klein gemacht und auch eine Variante. Und nicht zu vergessen die allgegenwärtigen Karotten. Ein Klassiker in der Babykost. Die haben wenigstens von Haus aus ein wenig mehr Geschmack. Auch die könnte man eigentlich immer selbst herstellen. Ja, das gibt wirklich Stoff zum Bloggen. Und Caroline merkt sehr schnell, dass sie mit diesen Themen durchaus den Nerv trifft.

De Pipe, Amsterdam
Zwischendurch schreibt Jan für eine Fachzeitschrift und die schätzen dort inzwischen, dass er eigene Praxiserfahrung hat. „Was Startups richtig machen können...." Er rät den Kollegen, nicht alles selbst machen zu wollen. „Ein professioneller und erfahrener Produktionspartner kann manchmal Gold wert sein....und vor allem keine Berührungsängste. Man braucht den Austausch." Jan fühlt sich frei und gut. Mareike ist für beide mehr als ein Abenteuer und er ist

weit mehr als ein Notnagel für einen schlechten Tag. Auch die so strahlend wirkende Mareike hatte ihre dunklen Seiten, die sie dazu verführten, Erfolge vor allem auf ihren weiblichen Charme zu gründen, was gerne in die falsche Richtung führt, weil aus der Sicht etlicher Männer doch lieber ins Bett als zu einem anderen am Markt sichtbaren Erfolg. Aber sich selbst auf die Schliche kommen, braucht immer etwas mehr und dann auch noch Konsequenzen, die fallen noch schwerer. Die fallen allerdings schon leichter, wenn man dazu in Arme von einem Jan fallen kann und damit an jemand gerät, der in sich ziemlich geerdet und verlässlich ist. Da entdeckt Mareike, wie schön es sein kann, diese weiche Seite für eine fröhliche und offene Beziehung einzusetzen und wieviel mehr Gutes man davon zurückbekommen kann. Schöne Erfahrungen. Und in einem Punkt ergänzen sich beide sehr gut: sie möchten, jeder auf seine Weise noch etwas bewegen. „Ich weiß, ich bin nicht gerade nur leicht" scherzt Jan mit einem ernsthaften Hintergrund „ich treibe mich heute in Südafrika herum, morgen in der Ukraine und übermorgen dann noch ganz woanders. Meine Welt ist nicht nur einfach. Ich sehe gute Seiten an vielen Dingen: Bioqualität ist gut, weil sie weniger Gifte und den Körper beeinträchtigende Dinge hat. Vegan ist ein guter Hinweis, weil man damit unterm Strich gesünder lebt. Glutenfrei muss ich nicht unbedingt haben. Das hat uns zwar einige interessante Geschmäcker gelehrt von Buchweizen, über Quinoa, Hirse, Kichererbsen, aber reinrassig, nicht mein Ding." „He Jan, du bist hier nicht in der Gesinnungsprüfung. Das passt nun gar nicht. Du bist so in Ordnung, wie du bist. Du sagst, was du denkst und fühlst." Und dann musste sie den Ernsthaften doch noch necken: „Und manchmal sieht man dir schon an der Nasenspitze an, was du denkst und möchtest."! Dann wurde Mareike ernsthaft: „Ich weiß doch noch weniger, wo ich mal einmal lande und wohin mich meine vorwitzige Nase führt. Aber eins glaube ich inzwischen zu wissen: mit dir würde es schöner und besser."

Rauchstraße, Berlin

Olga ist gerade damit beschäftigt, einen Beitrag zu einem nordischen Buffet in Szene zu setzen. Ihr Part sind Gemüse und Salate. Die Vorbereitung hatte einige Klippen: Wie diese beliebte alte Karottensorte Purple Haze in Szene setzen? Die färbt so, dass man die pupurfarbenen Karotten nur alleine dünsten darf, weil sie sonst alles übrige Gemüse Purpur verfärben. Gut, dass sie das rechtzeitig gemerkt hatte. Also immer gesondert dünsten oder kochen. Diese Purpurkarotten sind bei Bio-und Naturfreunden sehr beliebt, gelten sie doch als eine alte Sorte, von manchen deshalb auch als Urkarotte.

Mariniertes Gemüse mit nordischem Einschlag

Man dünste die violetten Purple Haze in Scheiben in Wasser mit einem guten Schuss Apfelsaft gesondert gegart, sowie geschälte Rote Bete auch gesondert wegen der Farbe sowie gelbe Rüben und Petersilienwurzeln, alles in Scheiben und noch knackig gegart gehalten, die Zutaten kann man im Backofen bei ca. 60-70 Grad in Umluft mit etwas Rapsöl ganz leicht benetzt warmhalten, ohne dass sich dabei die Konsistenz verändert.

Dazu bereitet man eine Marinade aus Rapsöl, Kräutersalz und einem eher herben Senf zu. Für eine süßere Note kann man etwas Rübensirup hinzufügen. Das Ganze mit einem Schneebesen gut durchmischen, bis sich alles richtig verbunden hat. Das Dressing unter die warmen Gemüsescheiben heben, gehackte Blattpetersilie darüber streuen und schon ist das nordische Gemüse servierfertig.

Die Anregung zu diesem Rezept kam aus der Ideenküche des schwedischen Fernsehkochs Paul Svensson.

Frittierte Lauchstangen

Für dieses Gericht benötigt man eine größere Anzahl frischer und höchstens etwa einen Zentimeter dicke Lauchstangen. Die bekommt man am besten direkt bei einem Gartenbaubetrieb, weil die sonst verkaufte Ware wesentlich dickere Stengel aufweist. Der Lauch wird gründlich gereinigt, die kleinen Wurzelansätze lassen wir dran.

Wir bereiten einen leichten Teig aus Mehl, Milch und eventuell einem Eiweiß zu und würzen ihn mit Kräutersalz und Muskat. Zum Frittieren wird Rapsöl in einem Topf erhitzt. Die Lauchstengel werden mit ihrem unteren Drittel solange in das heiße Fett gehalten bis der Teig goldbraun ist. (Auch diesen Snack kann man begrenzt bei niedriger Temperatur, . ca. 50 Grad im Herd parat halten). Nach dem Servieren nascht das das frittierte Ende aus der Hand.

Die Inspiration zu diesem Rezept stammt aus der Versuchsküche des Noma in Kopenhagen

Nordisches Dinkelrisotto

Polierte Dinkelgraupen werden in einem Sud aus Wasser, Apfelsaft und Gemüsebrühe gekocht. Wenn die Konsistenz al dente ist und die Flüssigkeit eingekocht ist, geben wir separat gedünstetes Gemüse dazu: gelbe Rüben, orange Kürbisstücke und tiefrote Rote Bete, als fein gewürfelt. Die Mischung wird einmal kurz zusammen erhitzt.

Wir heben eine Mischung aus veganer Creme Fraîche und gehackten Gartenkräutern unter und servieren.

Im volkstümlichen Bereich ist diese nordische Küche, die irgendwann um das Jahr 2000 stärker aufkam, als eine Gegenbewegung zu einer mediterran dominierten Küche: Man nehme Rapsöl nicht Olivenöl, nehme Apfel als Säure und nicht Wein, man würze mit nordischen Gartenkräutern und Zwiebel und nicht mit Knoblauch und den Kräutern der Provence.

Nachdem sich Olga in diese regional nordische Geschmacksdenke eingefunden hatte, machte es ihr regelrecht Spaß damit zu arbeiten. Schließlich sind solche Rezepte eine deutliche Bereicherung jeder Küche, solange man nicht nur noch sklavisch in diesem Sinne kocht. Außerdem werten die Rezepte die herbstlichen Rezepte aus nördlichen Breiten Europas deutlich aus.

Und eine kleine Extra-Belohnung für diese Mühen bekam Olga auch noch. Unter der Delegation, die damit erfreut werden sollte, entdeckte sie auch Hendrik, der ihren tollen Geschmack über alles lobte und der ihr versprach, sich den nächsten Abend für eine Bar in Berlin-Mitte freizuhalten.

Leopoldstraße München

Caroline hat sich über ihre Bekannten und die Treffs mit Müttern bereits etwas älterer Kleinkinder eine Möglichkeit geschaffen, Content zum Thema Ernährung zu erstellen für ihre Webseite. Die Erkenntnisse daraus sind nicht immer wirklich schön und freundlich. Natürlich möchte die überzeugte Veganerin ihrem Kind – ähnlich wie ihrer Hauskatze – eine vegane Ernährung zukommen lassen, zumindest aber eine vegetarische und da macht sie sich dann auch tiefgründige Gedanken über Ausgewogenheit und die Vermeidung von Mangelernährung. Aber wie leicht werden die Pläne in der Praxis durchkreuzt… während des Besuchs bei Spielkameraden, während der Zeit in der Krippe oder – viel schlimmer – durch die eigenen Verwandten, die dem Kind vermeintliche Leckereien anbieten, die man selbst absolut nicht für gut hält.

Der langjährige Öffentlichkeitsarbeiter eines führenden Anbieters von Babykost erzählt immer wieder mit Schaudern, wieviel Kinderschokolade gutmeinende Großeltern und Tanten den Schützlingen bereits im Kleinkindalter schon seit Jahren und Jahrzehnten einflößen. Das bestätigt sich leider auch in den von Caroline eingesammelten Erfahrungen.

Jordaan, Amsterdam

Mette ist froh, dass sie den nächsten Job dann doch wieder zusammen mit Trine machen kann. Die beiden sollen im Auftrag einer Frauenorganisation ein wenig Farbe in ein interkulturelles Treffen bringen. Es geht darum, eine Gruppe Frauen aus dem Libanon und aus Syrien durch gemeinsames Zubereiten und Kochen zu öffnen. Trine hat den Veranstaltern versprechen, dass die Frauen durch diese Idee erleben, dass sie etwas können und damit einen positiven Einstieg bekommen. „Ich hab mir das so vorgestellt, dass wir für die Frauen viele ihrer einheimischen Zutaten und Gewürze besorgen und sie dazu animieren, einige ihrer heimischen Rezepte umzusetzen und uns zu erklären. Wir sollen sozusagen von ihnen lernen." "Du weißt ja, die Küche mit Kichererbsen ist sowieso mein Ding. Ich hab schon einmal groß eingekauft. Im Prinzip braucht man für den Geschmack dieser tollen Variante der Mittelmeerküche vor allem Zitronensaft, Knoblauch, viel Kreuzkümmel, diese leckere Sesampaste Tahin, ein gutes Olivenöl, etwas Chili und manchmal noch etwas mehr. Mal sehen, was die daraus zaubern."

Mettes Rezeptidee für Hummus

Damit es nachher auch reicht, fangen wir mit vier Gläsern fertig gekochter Kichererbsen an, spülen sie noch einmal gründlich mit Wasser und lassen sie abtropfen..Wir nehmen fünf mittelgroße Knoblauchzehen, entfernen alle

147

äußeren Häute und hacken sie zusammen mit den Kichererbsen klein. Dazu kommen 1 ½ Esslöffel fein abgeriebene Bio-Zitronenschale, 6 große Löffel Zitronensaft und mindestens 4 Esslöffel Tahin sowie ganze 10 Esslöffel Olivenöl, etwas Salz und Pfeffer. Zum Schluss wird alles fein püriert. Die richtige Würze geben 2 1/2 Teelöffel gemahlener Kreuzkümmel. Das Ergebnis kann man jetzt mit Chiliflocken, Salz und Zitronensaft final abschmecken.

Zum Servieren beträufelt man das fertige Hummus mit einem guten Olivenöl und bereitet noch einen frisch gehackten Bund glatter Petersilie vor. Die Petersilie gibt einen tollen Geschmack.

Die Originalfladen dazu werden normalerweise aus Weizenmehl, Wasser und Salz hergestellt. Ganz puristiisch. In Äthiopien macht man das Ganze aus Teffmehl. Da lässt man den Teig ca. eine Woche lang ruhen, bevor man ihn auf einer Steinplatte ausbackt. Das ist natürlich besonders gut verträglich.

Dazu wird in Mitteleuropa ein Fladenbrot serviert, ein Fladen aus Hefeteig, dessen wesentlicher Geschmacksgeber der eingebackene Schwarzkümmel ist.

Soweit die Theorie. Aber bei den Fladenbroten sind die Frauen in ihrem Element. Da werden aus der Hand die wirklich tollsten Kreationen. Mette und Trine sind begeistert. Sie lassen sich Tricks verraten und Familienrezepte.

Und dann kommt die Idee auf, ob man vielleicht eine kleinen Snack-Wettbewerb machen könnte. „Wenn wir schon Hummus machen, dann könnten wir doch auch einmal Falafel machen. Na ja und vielleicht gibt es ja bei euch ein anderes Rezept für einen ähnlichen Snack." Falafel sind möglich, weil Mette fertig ein geweichte Kichererbsen mitgebracht hat. „Also gut. Was könnten wir dann machen? Ähnlich, aber vielleicht doch anders.

In der Regel gelingen Falafel leichter, wenn man sie in normalem Mehl rollt, weil sie dadurch eher ihre Form behalten. Dann sind sie zwar nicht glutenfrei, aber sie gelingen auch Anfängern.

Grundrezept Falafel

Für eine Haushaltsmenge reicht ein Glas abgetropfter fertiger Kichererbsen, dazu noch 80 g Kichererbsenmehl, eine rote Zwiebel, drei Knoblauchzehen und ein holber Bund glatter Petersilie. Alles wird mit der Haushaltsmaschine oder dem Pürierstab zu einer konsistenten Masse gemacht. Für den Geschmack und die Würze nimmt man Koriander, Kreuzkümmel, Chili, Zitronensaft und Salz.
Aus der Masse werden kleine Bällchen geformt, die man dann in Olivenöl frittiert.

Aber die Details sollte man vermutlich eher Fachleuten überlassen, weil allein das Frittieren schon ein echter Aufwand ist.

Eine starke Vorgabe, gegen die man etwas Interessantes setzen sollte. Aber Trine kommt die rettende Idee, was man in dieser Richtung immer herstellen könnte. „Wir machen eine Alternative, bei der wir uns das Frittieren ersparen und dafür das Ergebnis nur mit Öl bestreichen. Das spart Fett und Kalorien: meine Zucchini-Plätzchen."

Trines Zucchini-Plätzchen

Dazu werden drei oder auch mehr Zucchini klein geraspelt und möglichst einige Stunden vor der Verarbeitung auf ein Tuch gelegt, damit die Feuchtigkeit bestmöglich herauszieht. Je weniger Feuchtigkeit die Zucchini haben, desto weniger Mehl benötigt man hinterher, um die Masse zu binden. Zusätzlich raspelt man noch einige kleine Topinambur. Gewürzt wird mit Pfeffer, Muskat und Salz, Man mischt klein gehackte Petersilie unter, etwas Mehl sowie vegetarisches Eipulver. Die gut vermengte Masse wird bei ca 150 Grad Umluft auf Backpapier vorgebacken, bis man die einzelnen Plätzchen vom Papier heben kann. Das dauert je nach Feuchtigkeitsgrad der Zucchini durchaus eine gute halbe Stunde und länger. Dann lässt man die bereits festen Plätzchen ein wenig ruhen, bestreicht sie später von beiden Seiten mit einer Mischung aus Raps- und Olivenöl bei 200 Grad Umluft, damit sie von außen knusprig werden. Das Öl wird mit einem Backpinsel aufgetragen und damit spart man sich gegenüber Braten und Fittieren eine Menge Fett.

Dazu reicht man vegane Aioli oder ein mit ein paar Zutaten und veganer Mayonaise angemachtes eigenes Dressing. Und im Sommer punkten hier natürlich auch die säuerlichen Gartenkräuter wie etwa Sauerampfer oder Zitronenmelisse.

Oranienburger Straße, Berlin
Raus aus dem Getümmel. „Du machst das ziemlich gut. Warum machst du nicht bei uns weiter? Leute wie du haben bei uns bestimmt Chancen." Auf diese Diskussion war Olga nicht unbedingt eingestellt. Wollte Hendrik damit, dass sie ihm gefiel? Das war auch Olga schon so gekommen: Ein cooler Typ, dieser Hendrik. Und Dänemark ja offenbar keine schlechte Wahl. Ja, wenn man es schafft, dort neben dem Mann auch sonst noch einen Anker zu finden. Schließlich hat sie gerade am Beispiel von Christoph gesehen, dass die eigene Begeisterung dann schnell ihre Grenzen findet. Aber irgendetwas an Hendrik ist anders.
„Bei uns in Vesterbro ist gerade ein Café frei. Aber das ist bei uns nicht die einzige Chance. „Du wärest zum Beispiel perfekt für unseren nächsten Empfang. Und vielleicht ja auch perfekt für mich…" So, so, so schnell erwärmt man sich also im kühleren Norden.

Ob man nach einem turbulenten Tag für einen Flirt empfänglicher ist als sonst. Hendrik erzählt gerade ziemlich begeistert von seinem neuen Aufgabengebiet. Ausnahmsweise jemand, der einmal nicht nur klagt, vor dem Ruin steht oder nur Trost sucht. Das kann Olga im Moment sehr gut gebrauchen und so ein wenig Lob und positive Vitamine nun auch.

Und so fabulieren die beiden über ihre Vorlieben und Erfahrungen als Stadtpflanzen und merken dabei sehr wohl, dass sie in auch diesem Punkt einander nicht ganz unähnlich sind. Olga spürt, dass sie so mancher glutenfreie Kaffeetalk in den letzten Wochen auch nicht besonders nach vorne gebracht hat. So ein irgendwie vitalerer Knabe wie Hendrik ist da vielleicht gar nicht schlecht. Und so entfacht sich in ihr auch so ein kleiner – vielleicht ja zunächst spielerischer – weiblicher Jagdinstinkt.

„Also, wenn Du mich nach Kopenhagen locken willst, dann muss ich erst mal wissen, wie sich das so anfühlt." Spricht es und nimmt Hendrik erst einmal in den Arm. Dessen Arme erwidern den Wunsch nach Nähe erkennbar herzlich. „Du bist mir schon beim ersten Sehen aufgefallen, aber irgendwie hat es in der Kürze damals nicht gepasst." Seine weichen Lippen suchen ihren Mund und Olga genießt unauffällig den herben Duft seines Eau de Toilette. „Daran könnte man sich gewöhnen." Es gibt sie diese magischen Momente, in denen es bei zwei Menschen Klick macht und das Beste ist in solchem einem Falle, wenn dieses sich halbwegs wechselseitig ereignet. Nichts und gar nichts spricht dagegen, schlicht der Situation zu folgen und so verlegen sie den weiteren Abend auf kurzem Wege in Hendriks nahegelegenes Hotelzimmer, in die coolminimalistische Umgebung eines jungen Designs, für das hier keiner mehr einen Blick hat. Die Augen suchen die Blicke des gegenüber, die Hände immer andere Partien dieses Neulands und urtümlichsten Instinkten folgend will einfach jeder wissen, wie dieses Gegenüber sich anfühlt von außen wie von innen, ungeschminkt. Und obwohl jeder ahnt, dass diese Nähe auf ihre Weise Fakten schafft, wird niemand im Glück des Fühlens dies als einen Nachteil empfinden. Irgendwann liegen sich beide von der Anspannung erschöpft in den Armen. Ein neues Gefühl. Entfernt davon, genau zu wissen, was es bedeutet. „Bitte Olga, bleib jetzt" sagt Hendrik in die Dunkelheit „ich möchte mit dir aufwachen und zusammen frühstücken, wenn es von Dir aus möglich ist…." Aus seinem Arm vernimmt er einen entspannt ruhigen Atem und spürt, wie sich Olgas Körper an seinen schmiegt.

Tierparkstraße, München

Caroline hat es mit ihrem Charme geschafft, einen Anbieter von Kinder-Tragegurten für eine Kampagne im Netz zu begeistern. Und schließlich ist das ein Terrain, auf dem es weniger um Geschmacksurteile geht und mehr um praktische Vorteile und Handhabung. Und damit war die heimische Müttergruppe eine gute Hilfe. Aber nun muss das Ganze noch dargestellt und inszeniert werden und da weiß Caroline schon ziemlich genau, dass damit die Probleme anfangen: Erstens gute Bilder, zweitens ein süßes Kind und drittens bitte auch unproblematisch die Bildrechte und die heißen in diesem Fall eher Matz.
Kleine Kinder und Tiere sind immer eine gute Kombination. Aber dafür braucht man eben auch gleich

drei Männer: Matz, dass er mitspielt, Kay, dass er wie immer die beste Unterstützung der Welt ist und dann noch Benny mit seinem Blick für gute Bilder. Und dann fand sich ein Samstag, auf dem Benny gerade auf der Rückreise aus Tirol war. Er hatte dort eine Reportage über handwerkliche Bioproduktion gemacht und kam von einer Crunchy-Produktion, in der selbst Frühstücksprodukte für den Massenmarkt in Handarbeit gefertigt werden. Spannend wie mit großen Schaufeln, die man sonst eher vom Bau kennt, mit viel Gefühl die Mischungen aus Getreide, Früchten und anderen Zutaten gemischt werden. Ja und gut auch, dass Kay an diesem Wochenende wirklich frei hat und dass zu allem Überfluss dann auch noch die Sonne scheint. So kommt es also, dass Benny dann auch einen Kay trifft und umgekehrt, schließlich haben die beiden immer schon viel übereinander gehört. „Du siehst Benny, ich hab mich seit damals nicht geändert, aber ehrlich, ohne die echte Unterstützung von Kay, wäre das niemals gegangen." Caroline ist durchaus bewusst, dass sie beide damit Glück gehabt haben. Also erst einmal rein in den Tierpark und nach guten Motiven geguckt, deren Vorschläge Caroline bereits zuvor erkundet hat. Und während Benny dann auf geeignete Momente wartet, Caroline sich mit Matz und Tragegurt in Wunschpositionen begibt, baut sich Kay dann jeweils im Sichtfeld von Matz außerhalb des Bildes auf, um für gute Stimmung und ein freundliches Gesicht zu sorgen. Prima Teamwork. Und außerdem braucht Matz bei diesem schönen Wetter zwischendurch schon durchaus mal einen – natürlich ungesüßten – Drink für die Motivation.

Carolines Kinderdrinks

Der Hit ist das wenig entölte Kakaopulver aus dem Drogeriemarkt, eingerührt in Hafer- oder Dinkelmilch. Schmeckt lecker und wenn man die Kleinen rechtzeitig auf den Geschmack bringt, eine gute Sache.

Bei den selbst gekochten Tees braucht man etwas Gefühl: Da punktet durchaus ein Roter-Früchte-Tee mit einem Schuss Agavendicksaft. Schließlich braucht auch der kleine Mensch Abwechslung. Aber eben gut, wenn man es schafft, Kinder nicht an all die typisch übersüßten Getränke zu gewöhnen, die weder für die Zähne noch für die Körperform besonders schick sind.

Benny ist begeistert „Matz ist ja ein richtiges Naturtalent. Toll. Natürlich ich weiß, mit den Eltern. Aber im Ernst. So manch ein Kunde wäre sehr froh, ein solches Kind für sich in Szene zu setzen. Wenn auch die tollen Eltern dabei sind – denn ohne die läuft gar nichts – dann würde ich dafür sogar jederzeit nach München kommen. Wenn Ihr einverstanden seid, mache ich aus den heutigen Fotos mal eine kleine elektronische Set-Card und sehen wir…"

Als Profi kennt Benny das gut bekannte Elend mit manchen Foto- und Film-Kindern schon reichlich: Wenn ehrgeizige Mütter in aufdringlicher Weise, das mit ihrem Kind veranstalten, was ihnen selbst nie vergönnt war. Grauselig. Und der Tag im Tierpark macht allen Beteiligten wirklich Spaß. Denn sowohl Benny wie Kay wissen es zu schätzen, wenn sie sich mal wirklich selbstbestimmt bewegen dürfen und nicht wie bei Benny dem dauernden Drängen der Kunden oder wie bei Kay dem Moloch der vielen Meetings und Abteilungspflichten ausgeliefert sind.

Nachdem die Bilder und Kurzvideos nach Urteil aller gelungen sind, kann man den gelungenen Mittag noch mit einer leckeren Limonade ausklingen lassen, bevor dann alle wieder weitermüssen.

`Deutz-Mühlheimer Straße, Köln`
Sich auf einer großen Messe zu begegnen ist entweder Zufall oder sonst eher eine Schnapsidee. Sich jedoch auf einem der Empfänge für Länder und Branchen zu treffen, eben eine gute Alternative. Überall funktioniert das auch nicht. Aber wenn natürlich schon eine besondere Beziehung vorhanden ist, sieht das anders aus.

Olga hat in Buchweizenflocken panierte Sellerie- und Rübensteaks vorbereitet, dazu ein Honig-Dill-Dressing, gedünstete und leicht frittierte Kürbisschnitze und dazu eine kleine Auswahl von unterschiedlich marinierten Heringen. Nordisch, dänisch, bodenständig. Hendrik ist glücklich, dass sie alles so toll hingezaubert hat und nicht nur die Begeisterung füreinander, sondern auch Olgas eigene Schritte in der neuen Umgebung gelingen.
Mareike und Jan müssen sich beeilen. Sie haben schon den ganzen Tag eine Entdeckungstour in Sachen neue Ideen und Innovationen gemacht. Und jetzt sind sie gerade bei einem Stand, an dem Fleischersatzprodukte vorgestellt werden, die mal nicht aus dem üblichen Soja gemacht wurden. Interessiert lassen sie sich erklären, wie kompliziert die Entwicklung und Produktion der

Ausgangsstoffe dafür sind. „Also alle Milchproteine sind natürlich geschmacklich und in der Konsistenz unkompliziert, aber für vegane Produkte natürlich nicht geeignet. Erbsenprotein behält gerne den typischen Erbsengeschmack, den wir nicht immer brauchen können, Bohnenprotein geht, auch geschmacklich und vom Preis. Aber die Angebote, vor allem wenn man dann auch noch Bioqualität sucht, sind immer noch nicht riesig. Wenn man dann allerdings diese Crispies hat, dann lässt man die mit Wasser und Gewürz aufquellen und macht daraus täuschend fleischähnliche Sachen. Eine faszinierende Welt. Aber nun endlich weiter und den dänischen Empfang außerhalb der Messe suchen.

Als sie ihre Einladung vorgezeigt haben und das Buffet erreichen, schiebt Olga gerade einige Reste noch auf einer Platte zusammen. „Hat offenbar geschmeckt. Das sind die letzten Reste, obwohl wir nicht knapp kalkuliert hatten. Ihr müsst Mareike und Jan sein. Hendrik spricht gerade nebenan noch mit Kollegen." Bleibt also noch Zeit, sich einen Teller zu nehmen und erstmals in Ruhe zu essen. Nicht angestrengt oder höflich zu probieren, sondern für sich zu genießen. „Also die Reste schmecken toll. Muss ein Super-Buffet gewesen sein. Schade, dass ich kein Foto davon mehr machen kann." „Leider waren meine marinierten Heringe so begehrt, dass sie viel schneller aus waren, als man denken konnte."

Olga erzählt ein wenig von Kopenhagen. „Berlin war schon Klasse. Aber Vesterbro ist schon besonders. Die Menschen sind so entspannt. Und trotzdem überhaupt nicht laissez-faire. Die kümmern sich um die Umwelt, die erneuerbaren Energien, den Müll – persönlich und in den Gemeinden und sie haben insgesamt einen Sinn für gutes Leben. Nicht so dieses tägliche jeder gegen jeden." „Das ist der Grund, warum wir unser Viertel in Amsterdam so lieben. Und was machst du da?" „Ich habe ein ganz süßes Café gepachtet und hab das gerade zusammen mit Hendrik etwas hergerichtet: Möbel vom Sperrmüll neu lackiert, dem Laden auch im Inneren ein Gesicht gegeben. Und Hendrik hat ganz neue künstlerische Qualitäten an sich entdeckt. Ihr müsst uns unbedingt mal besuchen kommen. Der letzte Monat war etwas wild, aber jetzt sieht es langsam besser aus…"

Jans Kladde, Notizen für spätere Artikel
Diese Nachkriegsgeneration in Europa, die „Baby-Boomer" leben in dem Traum, sozusagen für immer jung zu sein in Gewohnheiten, im Essen, was fit halten soll, dazu Kosmetik…. Eine Generation, die gerne alterslos wäre und sich auch so benimmt, als wäre sie es.
Das sind diejenigen, die das Geld haben. Geht Hand in Hand mit alternden Gesellschaften in Japan, Nordamerika und Europa. Aber auch ganz schön gefährlich. Da fehlt die Innovation… Waren die nicht auch einmal jung, manche von den nicht auch Pioniere?
Aber die waren anders jung: ohne Handy und Smartphone, viel weniger Elektronik, sehr ideologisch mit dem Ost-West-Konflikt, durchaus für Naturschutz mit saurem Regen und den Grenzen des Wachstums und ja der Angst vor dem Atom als Waffe und als Energie.

Das Entscheidende: J e t z t wollen die nicht mehr aufbauen, die wollen ein schönes Leben, das ist die Hauptsache.
Und wie sehen die aktuell 20 – 35jährigen das Leben? Eher Work-Life-Balance. Genießen, aber auch Hip sein. Trends von Südkorea, Südafrika, New York, London, Kopenhagen… Was angesagt ist, verbreitet sich in Windeseile. Soziale Medien: Alles kann überall sein. Eine behütete Generation heute, darunter auch im sogenannten Mittelstand Erben mit gut abgepuffertem Start.
Sport und sportlicher Körper stehen hoch im Kurs, aber längst nicht jeder bekommt das hin. Man definiert sich gern über trendkonformes Essen: vegan, Allergien sind fast schon schick, junge Frauen hungern oft für die Figur.
Exzesse wie bei den Baby-Boomern sind uncool: rauchen, harter Alkohol, Drogen, oft ein Leben nahe dem Überfluss: Was ich heute will, ist für morgen bestellt.

„Ich weiß nicht, ob ich das so schreiben sollte. Bin selbst so hin und her gerissen, viele Einstellungen hängen vom Leben ab: mit Mareike alles viel liberaler, früher bei Mette akribisch vegan und glutenfrei. Mir war es schon immer eher egal. Aber was ist schon richtig.“

Lappenbergsallee, Hamburg
Auch wieder so ein Benny-Termin zwischen Hoffnung, Wohltätigkeit und dann doch später einem ganz normalen Job. Der hochwertig bestückte Hofladen, genau genommen einer von mehreren im Stadtgebiet, bietet eben das, was die Hofgemeinschaft geerntet und

produziert hat. Das Prinzip ist gar nicht schlecht. Man kann nämlich auch Mitglied werden und dann wöchentlich zum Mitgliedsbeitrag tolle und frische Leckereien beziehen: Obst, Gemüse, Milchprodukte und Schlachtergebnisse aus der hofeigenen Tierhaltung. Natürlich gibt es auch eine vegetarische Mitgliedschaft. Aber alles andere würde keinen Sinn machen, weil so ein Demeterhof für sein Konzept den kompletten Anbau und eben die eigene Tierhaltung benötigt. Diese Kreislaufwirtschaft, in der die Tiere das Futter vom eigenen Hof bekommen und dann wieder den Dung für die Felder beschaffen, verlangt von Landwirten und deren Familien ein hohes Maß an Vielfältigkeit. In diesem Fall ist das toll gelöst, weil es gelungen ist, unterschiedliche Sorten von total leckerem Käse herzustellen. Die Vielfalt der frischen Angebote an Obst und Gemüse kann sich gut sehen lassen. Und vor allem die Preise sind für die hohe Qualität noch sehr zivil. Solch ein Modell ist nicht jedermanns Sache, weil es sehr auf Regelmäßigkeit und Mitwirkung der Kunden setzt, bietet allerdings auch den Vorteil, dass diese Bioqualität für viele Kunden bezahlbar ist. Der Haken bei der Sache: Man muss erst einmal verstehen, was solche Angebote und Systeme dem Kunden bieten. Und helfen neben guten Worten in erster Linie Bilder, die ja bekanntlich jedes für sich schon mehr aussagen können als tausend Worte.

Aus diesem Grunde hatte man Benny auch gebeten, den Faden erst einmal am letzten Ende vor dem Kunden aufzugreifen und ihn dann von dort aus aufs Feld zurückzuverfolgen. Und da liegt neben dem, was man sichtbar und schmeckbar bekommt, natürlich ein ganz wichtiger Punkt. Und der ist nicht allein mit austauschbaren Bildern aus Landwirtschaft und Gartenbau zu erreichen, sondern mehr über das Engagement von beteiligten Menschen.

Die Hauptschwierigkeit dieser Menschen besteht darin, sich im Kreis des weniger eingeweihten Publikums verständlich zu machen. Schöne Bilder aus den Gartenbau, der Hofkäserei und den Feldern und Stallungen zu machen, ist simpel, weil sie letztendlich in erster Linie die Landlust der städtischen Kunden bedienen sollen, aber die paar wenigen Bilder, die Besonderheit transportieren können, die muss man erst einmal finden. Und da sieht Benny seinen besonderen Beitrag. Er sucht sich zwei Mitarbeiter aus, die den Betrachter zum Ursprung der Waren führen. Das will er dann jeweils vor Ort und bei hoffentlich gutem Licht ins Szenen setzen.
Alles nicht ganz ohne, denn jetzt muss man gucken, wie beispielsweise Feldfrüchte und Gemüse gerade im Wachstum stehen und wo man was in der gewünschten Form sehen und fotografieren kann. Für die Hofgemeinschaft durchaus eine Hürde und Aufgabe. Aber da man den Sinn dieser Mühe inzwischen mehr als einsieht mit ein paar zusätzlichen Arbeitsstunden machbar.

Und um das Glück der Bilder vollkommen zu machen, inspiriert Benny die Gemeinschaft auch noch, ein paar nicht ganz alltägliche Biorezepte als Inspiration zu zeigen.

Ein fast vergessenes Hofrezept: Zucchini mit Grünkernfüllung

Für vier Zucchini mittlerer Größe benötigt man als Basismasse ca. 150 g Grünkern. Diese abgewogene Menge wird in einem Topf mit Gemüsebrühe und ausreichend Wasser und einem guten Becker Apfelsaft etwa 1 ½ Stunden lang auf kleiner Flamme geköchelt, so dass am Ende die Flüssigkeit eingekocht ist. Um die Fülle durch Röstaromen aromatischer zu machen, werden jetzt noch klein gehackte Zwiebelstücke sowie Knoblauch und etwas Paprika in Öl angebraten und nach Erkalten unter die Grünkernmasse gehoben. Um den Geschmack noch etwas interessanter zu machen werden noch etwa 70g Ziegenfrischkäse in die Masse gerührt sowie je nach Geschmack, Paprika, Pfeffer und Muskat. Ein guter Teelöffel Senf und einer mit Tomatenmark in die Fülle gerührt, machen sie noch etwas schmackhafter.

Bei den Zucchini werden die Fruchtansätze abgeschnitten. Dann werden die Zucchini möglichst genau in der Mitte halbiert. Mit einem Löffel werden die inneren Kerne der Zucchini großzügig ausgeschabt, damit man sie gut füllen kann.

Jetzt wird die Fülle mit einem Löffel in die Zucchini verteilt. Dann werden noch Raspel eines möglich würzigen Käses über die fertig gefüllten Zucchini verteilt. Dies dient vor allem dem Zweck, dass die obere Schicht der Grünkernmasse später beim Backen im Backofen nicht zu trocken wird. Die gefüllten Zucchini werden in einer feuerfesten Form, die mit etwas Olivenöl beträufelt wurde, bei ca. 140° in Umlufteinstellung etwa 40 Minuten sanft gegart und zum Schluss in größerer Hitze knusprig überbacken. Ein schmackhaftes vegetarisches Essen und noch dazu ganz im Sinne einer Vollwertküche.

Und wenn alles soweit geschafft ist, darf es auch noch eine Zugabe fürs Gemüt drin: „Und dazu nehmen wir jetzt noch einen Klassiker, eine Apfeltarte", schlägt Benny vor, so einen richtigen Everybodies-Darling". Das macht sich auf einem Hof immer gut als Fotomotiv, so eine Art Landlust in ehrlich.

Eine leckere Apfeltarte

Für den Teig nehmen wir 220 g Vollkornmehl, sechs Esslöffel Rohrzucker, einen Teelöffel feines Salz, 150 g kalte Biobutter gut kleingewürfelt und gut drei Esslöffel kaltes Wasser. Der Teig wird sorgfältig geknetet, die Butter gut untergearbeitet und das Wasser Zug um Zug zugefügt, bis am Ende eine gut durchgeknetete Kugel entsteht. Manchmal ist es sinnvoll den Teig noch vor der weiteren Verarbeitung eine gewisse Zeit im Kühlschrank ruhen zu lassen. Der Teig wird danach in eine leicht gefettete Tarteform gegeben.

Für den Belag werden je nach Größe etwa sechs schön säuerliche Äpfel vorbereitet, das heißt geschält, entkernt und in Spalten geschnitten und mit etwa 80 Gramm Rohrzucker und ausreichend Zimt vermischt.

Die so vorbereiteten Apfelspalten werden auf den vorbereiteten Boden gelegt, der Backofen auf 180° vorgeheizt. Jetzt muss man die Tarte nur noch eine halbe Stunde im Backofen lassen. Und fertig ist die leckere Hof-Tarte. Ob man die nach kurzem Auskühlen nun ohne etwas oder mit Schlagsahne oder Eis servieren möchte, hängt ganz allein vom eigenen Geschmack ab.

.

„So macht das Internet denn auch Sinn. Wenn ich mir vorstelle, man würde in Zukunft Bio-Obst und –Gemüse einfach per Klick im Internet ordern und dann am Abend nach der Arbeit vorbeibringen lassen, das wär´s für mich nicht. Das würde ich nur mit jemand abmachen, den ich schon kenne. Die perfekte Mischung zwischen Trend und Vertrauen heißt für mich, dass ich mich bei jemand, von dem ich weiß, was er für mich hat, auch mal online melden kann. Aber mehr nicht." Bequemlichkeit und 24 Stunden im Netz ist dann doch nicht alles.

Englischer Garten, München
Das Paradies nicht nur für Verliebte, sondern auch für Familien mit kleinen Kindern. Für die wärmeren Tage mit Matz sollte man neben Windeln noch so ein paar Nothelfer gegen Durst und Hunger von Matz in petto haben. Statt nur immer Tee, bietet ihm Caroline eine eigens vorbereitete Variante von Hafermilch an, nicht als Ersatz von Milch, sondern als Ergänzung des Angebots.

Carolines Hafermilch für Jung und alt

Die Herstellung von Hafermilch ist ganz einfach. Ein Liter Wasser wird aufgekocht, für Kinder kommen etwa 120 g feinblättrige Bio-Haferflocken hinein.
Für Erwachsene reichen auch schon knapp 100 g und dafür kommt dann noch eine gute Preise Salz dazu. Das ist für Kleinkinder natürlich nichts.
Die gut verrührte Masse bleibt zum Durchziehen stehen. Danach wird die Mischung püriert und durch ein grobes Tuch gepresst. Da dies aber nur noch auf dem absolutesten Land oder auf der Alm vorkommt, nimmt man dafür auch einfach ein sehr feines Metallsieb, durch das man die pürierte Masse gibt. Allerdings nur sehr grob absieben und nicht die Reste durchpressen, sonst bekommt man einen zu dicklichen Brei.
Und natürlich geht das auf Wunsch auch glutenfrei mit glutenfreien Haferflocken.
Für Kleinkinder kann man die Mischung mit etwas Apfelmark oder einer – möglichst reifen - pürierten halbem Banane lecker machen.
Für Erwachsene kann es die Grundlage für interessante Smoothies werden.

Caroline merkt, dass Kay gerade an solchen Punkten in letzter Zeit öfters nachfragt. „Also früher hat man ja immer behauptet, dass die Kuhmilch müde Männer munter macht, aber was ist denn so gut an der Hafermilch?" „Eben der Hafer, der ist ziemlich: für den

Körper interessante Kohlenhydrate, die lange satt machen, gute Ballaststoffe und sogar ungesättigte Fettsäuren. Gesund, denn sie haben eine hochwertige Nährstoffzusammensetzung und halten durch komplexe Kohlenhydrate lange satt. In ihnen stecken viele Ballaststoffe, die für eine gute Verdauung sorgen sowie ungesättigte Fettsäuren. Schließlich noch dazu Mineralstoffe, Spurenelemente und Vitamine sowie Eisen, Zink, Folsäure, Vitamin E, Vitamin B2, Vitamin B6, Kupfer, Natrium, Kalium, Magnesium, Calcium und Phosphor." „Klingt beeindruckend." „Ist es auch. Schließlich hat man früher Generationen von Babies nach dem Stillen mit Haferbrei großgezogen und keiner hat darüber groß geredet." „Vielleicht ist es das und immer die Geschichte, dass dann alles so absolut und ausschließlich dargestellt wird." „Sag mal, Kay, warum interessierst du dich in letzter Zeit eigentlich so für dieses Thema? Ich hab immer den Eindruck, da steckt noch irgendetwas anderes dahinter...." „Du spürst aber auch alles. Ja, stimmt. Also, meine Firma hat mich gefragt, ob ich vielleicht demnächst in einer ihrer neuen Tochterfirmen das Marketing übernehmen will…" „Ja und, was hat das jetzt damit zu tun?" „Nun, die produzieren eben solche Drinks. Und da fragte ich mich, ob das vielleicht etwas für mich und für uns wäre…" „Das klingt ja wunderbar. Gibt es auch einen Haken?" „Wie man´s nimmt: eine der großen Produktionsanlagen steht in Belgien. Die Verwaltung soll im Rheinland installiert werden."

Route del Jadida, Casablanca
Die interessantesten Angebote ereilen Benny unerwartet. Er soll am Rande einer Messe eine

Reportage vor allem für Lebensmittel und Produkte des Landes in Szene setzen. „Oh je, Kleinarbeit, Öl, Olivenöl, Arganöl und immer wieder schon ausgeleuchtet in Karaffen. Aber was sonst?" Der Blick in eine vorab übermittelte Liste belehrte ihn eines anderen. Erstaunlich, da gibt es einerseits einige Spezialitäten wie Kaktusfeigen, Granatapfel und Rosenblätter. Also durchaus interessante Beiträge zu einer gesunden und geschmackvollen Ernährung: Die Kaktusfeige beispielsweise stammt eigentlich und ursprünglich aus Amerika. In Mittelamerika ist sie eine der ältesten Kulturpflanzen. Die Azteken verwendeten sie nicht nur als Nahrungsmittel, sondern auch zu Heilzwecken. Die spanischen Eroberer brachten die Pflanze im 16. Jahrhundert nach Europa. Kultivieren lässt sie sich in Gebieten mit tropischem und subtropischem Klima. Anbauländer sind heute neben den Staaten in Mittel- und Südamerika inzwischen auch die Mittelmeerländer und unter ihnen natürlich Marokko. Die Früchte lassen sich wie Kiwis mit einem Löffel essen, indem man das Fruchtfleisch damit herausholt.

Selbst Laien wissen, dass man dem Granatapfel eine Menge positiver Wirkungen zuschreibt: Von Entzündungshemmung, über positive Wirkungen für Herz und Kreislauf bis zur Senkung des Cholesterinspiegels ist alles dabei. Tatsächlich liefert der Granatapfel zum Beispiel Mineralstoffe wie Kalium, Spurenelemente wie Eisen und B-Vitamine. Der viel gepriesene Gehalt an Vitamin C ist dagegen eher unspektakulär. Spektakulär fällt der Kampf mit einem Granatapfel aus, wenn man ohne Vorerfahrung an seine leckeren Kerne kommen möchte. Benny erinnert sich nicht genau, wie eine Assistentin einst die Küche verwüstete, als sie die Kerne der Frucht fürs Foodstiling herausholen wollte. Nach einer solchen Erfahrung ist man klüger. Am besten immer erst einmal versuchen, die Frucht zu zerteilen, ohne zuviele der Kerne etwa durchschneiden zu müssen. Dann am besten mit einem kleinen Löffel die Kerne einzeln herausnehmen. In der Tat, für frische Granatapfelkerne gibt es viele tolle Rezepte.

Der superleckere Obstsalat

Dazu werden zwei Orangen filetiert, das Innere von ein oder zwei Kaktusfeigen möglichst dekorativ herausgelöst, ein säuerlicher Apfel des Kernhauses entledigt und in kleine Stücke geschnitten. Will man in der süssen Ecke bleiben, könnte man zum Beispiel ein paar reife Erdbeeren. Und dann natürlich die Erlebniszutat, eben die Kerne eines Granatapfels.

Man kann sich genauso gut für eine herzhafte Variante entscheiden. Dann läßt man eher die Erdbeeren weg und nimmt stattdessen eine schöne Menge geschmackvoller Tomaten dazu, die man je nach Größe entsprechend zerteilt. Dazu ein leichtes Dressing mit hellen Balsamico, Olivenöl und etwas Minze. Die wiederum passt theoretisch auch zur süßen Variante.

Buddha-Bowl mit Süßkartoffeln, Kichererbsen, Avocado und Granatapfelkernen

Süßkartoffeln werden geschält und in Scheiben geschnitten. Dann werden sie fettarm mit Backpapier auf ein Backblech gelegt, mit einem Backpinsel mit Olivenöl versehen und mit Kräutersalz gewürzt.. So werden sie im Backofen bei moderater Hitze und Umluft in etwa einer halben Stunde knusprig gegart.

Dazu werden die küchenfertigen Kichererbsen, nachdem sie abgetropft und wirklich trocken sind, in etwas Olivenöl angeröstet und mit Kurkuma und Salz gewürzt .

Jetzt die frischen Zutaten vorbereiten: Avocados entkernen, schälen und in Spalten schneiden. Je nach Geschmack und Jahreszeit ein paar Birnenspalten vorbereiten, gerne auch Tomaten. Den Salat vorab in einer Marinade aus ausgepresster Orange, Zitronensaft und Olivenöl gewürzt mit Kurkuma, Kreuzkümmel und Kräutersalz ziehen lassen und auch die Granatapfelkerne jetzt hinzugeben.

Das wird eine tolle Bowl und der Salat ein interessanter Hingucker. Benny ist mit seinen ersten Ideen schon sehr zufrieden. Was er aber auch merkt, dass das Angebot daneben auch reich an Obst und Gemüse ist. Das weckt Erinnerungen daran, als Maroc-Orangen noch einen fernen interessanten Klang hatten und ja, auch auf dem Großmarkt gab es früher zu bestimmten Zeiten sehr leckere Tomaten von dort.

„Eigentlich müsste all das, was dieses Land und seine Traditionen zu bieten hat, genau in den aktuellen Trend passen – vielleicht mit Ausnahme einiger Süßspeisen." Auf jeden Fall wurde es ein ziemlich anregendes Shooting.

Cherkassy, Ukraine

Jan hat klimatisch mit seinem Reiseziel nicht die komfortabelste Destination, aber von dem, was man hier mitbekommt eine spannende Wahl. Allein das Gespräch mit Ivan ist es wert. Er ist einer der Pioniere in dieser Gegend, seit zwanzig Jahren im Rohstoffhandel und ein Fuchs in Sachen landwirtschaftliche Produkte. Seiner Firma blieb in dieser Zeit nichts anderes übrig, als am Ende mit seinen Handelskontakten sich der politischen Großwetterlage anzupassen. Ein Thema, über das er zwar nicht so gerne spricht, von dem man sich aber ausmalen kann, dass es eine etwas größere Firma viel Kraft gekostet haben dürfte. Dafür hat sich aber der Exportradius respektabel erweitert. Nicht nur die EU, auch früher undenkbare Kunden in Israel und den Vereinigten Staaten.

Der Kontakt nach Westen sorgt natürlich auch dafür, dass das gegenseitige Verständnis für Geschmack und Ernährung sich ebenso blitzartig entwickelt, wie das an anderen entfernten Regionen der Erde ist. Die Chance in den USA wie in Mitteleuropa ist neben Bio immer mehr der Wunsch nach einer gesunden Ernährung und da zieht man für Jan alle Register und serviert ihm gerne ein paar leckere Produkte aus heimischem Bioanbau. Wobei sich Ivan eben nicht auf die ausgetretenen Pfade der Hauptprodukte von Honig bis Sonnenblume verlegt. Er hat sich früh auf Hirse spezialisiert und kümmert sich inzwischen auch um den Anbau von Linsen. Letzteres war ein nicht so ganz leichter Fall, weil der traditionelle Anbau hier ganz anders betrieben wird als in Mittteleuropa.

Insbesondere in Sachen Ernte. Da lässt man nämlich die Linsen in der Sonne reifen, was dazu führt, dass schlicht ein nicht unerheblicher Teil der Ernte Vögeln und dem Herausfallen auf den Boden zum Opfer fällt. Dazu sei ferner bemerkt, dass landwirtschaftliche Betriebe in der Ukraine in Sachen Größe mit denen in Mitteleuropa kaum zu vergleichen sind. Ein paar tausend Hektar sind wenig und jeder hat in Sachen Bodenqualität vermutlich schon einmal von der total fruchtbaren „schwarzen Erde" gehört, die Teile der Ukraine zu einer besonderen Fruchtbarkeit verhelfen. Insofern ist auch Ivan nicht selbst Landwirt, sondern betreibt mit etlichen von ihnen Vertragsanbau und verlegt sich selbst auf die Reinigung, Sortierung und Vermarktung der Ernte.

Wenn Jan über landwirtschaftliche Produkte nachdenkt, dann muss er sich immer vorstellen, was man mit ihnen machen könnte und wie man sie in der Küche nützt. Und da fällt ihm doch gleich schon ein leckeres Rezept mit Linsen und Hirse ein, das er daheim schon öfters probiert hat.

Vegetarische Gemüseburger aus Linsen und Hirse

Die Basis für die Gemüsemasse ist eine Gemüsebrühe mit etwas bereits schön weich gekochtem Gemüse verfeinert mit einem größeren Glas Apfelsaft. Darin werden 180 g Linsen (man kann hier durchaus mischen: Für das Formen sind rote Linsen schön, für den Biss eher ungeschälte grüne, nur die muss man besser schon etwas vorgaren) und 80 g Hirse gegart. Gegen Ende der Garphase geben wir fünft gehackte Knoblauchzehen und zwei ebenfalls schön zerkleinerte kleine Zwiebeln hinzu. Zudem würzen wir jetzt die Masse noch einmal mit Muskatnuss und Kräutersalz.

Jetzt guckt man erneut, dass die Masse noch feucht genug ist, sonst gibt man noch Flüssigkeit hinzu und dann rührt man 25 bis 30 g Flohsamenschalen unter und lässt diese Masse richtig gut durchziehen.

Nach 20 Minuten formt man aus der inzwischen fertigen Masse runde Bällchen in Wunschgröße. Sofern die Burger nicht glutenfrei werden sollen wälzt man die Bällchen noch leicht in Mehl und dann kann man sie in einem Brat- und Frittieröl ausbraten. Entsprechend wenden und dann sind die Gemüseburger servierbereit.

Das Rezept reicht für vier Personen. Sehr lecker ist es auch, die Burger ganz wenig mit einer scharfen Sauce zu bestreichen und dann mit einem würzigen Käse zu überbacken. (Leider nicht lactosefrei.)

Kensington, London

Kay hat im Internet einen interessanten Aufsatz einer britischen Forschergruppe entdeckt: Es geht um die großen Linien künftiger Ernährung: Was erhält Menschen gesünder? Beutet gleichzeitig nicht die Natur weiter aus? Und sorgt trotzdem für eine ausgewogene

Ernährung. Was daran spannend ist, dass wirklich alle Aspekte zusammengedacht werden. Bei realistischer Betrachtung, müssen alle mehr Obst und Gemüse essen und die Proteinquellen klug auswählen. Teillösungen helfen nicht. Vor allem bezieht die Studie nicht die Nahrung ein, sondern auch deren kompletten Herstellungsweg. Das verändert die Lage. In dieser Betrachtung ist weder über Fleisch als auch über Fisch die Lücke für die künftige Ernährung zu bewältigen, geschweige denn ganzheitlich Gesundheit für Mensch und Natur zu erreichen.

„Und die Hauptquellen einer guten Ernährung für die Menschheit: Getreide, Hülsenfrüchte, Nüsse – also genau unsere Ecke."

Ab jetzt darf sich Kay um neue Fragen kümmern. Er lernt, dass die Rohwaren für vegetarische Milch- und Fleischprodukte keineswegs so einfach zu bekommen sind und vor allem, dass man mit allen Materialien längst nicht alles herstellen kann. Soja beispielsweise ist ein günstiger und eigentlich gut handhabbarer Grundstoff. Allerdings für einige Menschen ein Allergen und immer noch mit der Erinnerung belastet, dass auf dem amerikanischen Kontinent eine riesige Produktion aus genverändertem Soja besteht. Und man muss wissen, dass Soja als Protein eine gigantische Rolle in der Tiermast spielt.

Ein wenig ist Soja auch der Urstoff vegetarischer Produkte, weil man aus Sojamilch per Gerinnung Tofu herstellt. Aus diesem Grund dachte man schon vor Jahren, der Sojaanbau in Deutschland, Österreich und den europäischen Nachbarn könnte knapp werden. Wurde er aber nicht. Bei Drinks ist manches einfacher. Der Wareneinsatz des Getreides für Getreidedrinks ist eigentlich bescheiden, in der Regel weniger als 10%.

Nur bei Mandeln ist die Rohware in den letzten Jahren teilweise nur schwankend und teuer verfügbar.

De Pipe, Amsterdam

Mareike wurde von einem Kollegen gebeten, ihm mit der Herstellung von vegetarischen Burgern für eine kleine Restaurantkette zu helfen. Er hat ihr vorab ein kleines Muster der Hauptzutat zugeschickt, einige Hundert Gramm. Mareike wiegt spaßeshalber einmal 50 Gramm davon ab und verarbeitet das Material nach Anleitung. „Wird wohl höchstens ein zwei Burger geben, aber das reicht ja für einen Versuch", denkt sie bei sich und macht sich bewaffnet mit Zutaten an die Arbeit. Nach dem Aufquellen muss man die Hauptzutat nur noch würzen und die fertige Masse in Öl knusprig braten und fertig.

Burger aus fertig vorbereitetem Sojaprotein

Für zwei Personen wiege man 50 Gramm des trockenen Materials ab und weiche dies für 20 bis 25 Minuten in einem Liter lauwarmen Wassers ein. Danach lasse man die gequollene Masse in einem Metallsieb zehn Minuten abtropfen. Wenn man hinterher Burger mit etwas mehr Biss haben möchte, dann kann man gut auch noch bereits knackig gegarten Grünkern einarbeiten. Das verbessert die Konsistenz. Jetzt füge man alle Gewürze hinzu, die man auch sonst für Frikadellen nehmen würde: Pfeffer, Salz, Paprika, Provencekräuter, etwas Senf, Tomatenmark. Fehlen noch Zwiebeln und Knoblauch. Die darf man nicht einfach roh hinzufügen, weil die beim Anbraten niemals richtig garen. Also muss man sie frisch zum Beispiel vorrösten, oder aber man benutzt getrocknete Zutaten. Und jetzt kommt der Kniff: Man will diese verhältnismäßig weich wirkende Masse zum Anbraten ja ordentlich formen können. Dazu gibt man als Bindemittel etwas Guakernmehl hinzu. Jetzt muss man die Masse gut durchkneten und merkt schon dabei, wie das Bindemittel die Konsistenz verändert.

Nun formt man aus dieser Masse die gewünschten Formen, in unserem Fall also flache Frikadellen für Burger, die man in einer Pfanne in einem Bratöl anbrät. Von den Zutaten kann man das gesamte Rezept wunderbar mit Biozutaten darstellen. Man brät die Fleischimitate bei etwa 150 Grad, bis sie von beiden Seiten wie eine Frikadelle geröstet sind. Dabei wird man sehen, dass die vegetarischen Frikadellen etwas mehr Öl aufsaugen als Fleisch. Das ist logisch und macht die Konsistenz deutlich angenehmer.

Vor allem, wenn man daraus dann den echten Burger fabriziert, merkt man erst, dass eine solche Alternative eine wirkliche Abwechslung ist und vom Geschmack richtig lecker. Also keine Notverpflegung für Menschen, die kein Fleisch vertragen.

Die Idee, Trendprodukte wie Burger als fertige vegetarische Alternative anzubieten, ist ganz sicher für Bioprodukte eine sehr gute Sache.

Englischer Garten, München
Carolines Gesprächsgruppe trifft sich bei diesem Wetter gerne auch im Freien. Da kann man wunderbar vieles miteinander verbinden: etwas Bewegung,

Auslauf und frische Luft für die Kleinen und die Chance, sich zu unterhalten.

Heute steht ein heißes Thema auf der Tagesordnung, nämlich wie das Personal der Kinderkrippen die mitgebrachten Snacks der Kleinsten zensieren und teilweise überhaupt nicht wissen, was wirklich gut für die Ernährung ist. „Also unsere Feen halten jeden Jogurt für gesund, egal was für Zuckerbomben das sind." „Und unserem Kleinen haben sie die Bio-Reiswaffel mit Scho.k.o mit geben wollen, weil ein dünner Klecks Scho.k.olade dran ist."

„Aber es ist auch nicht leicht, an die Kleinen außer einem Apfelschnitz und vielleicht einer dünnen gewaschenen Möhre noch etwas hinzubringen." Caroline möchte in ihrem Blog gerne mehr über die Miterziehung der Kleinsten in Sachen Ernährung durch Kindergärten und Hort bringen und will dazu im Laufe des Nachmittags noch möglichst viele Stimmen einfangen.

Aus diesem Grund hat sie für den Nachmittag noch einen leckeren Snack mitgebracht. Aus ihrer Spezial-Körnermischung hat sie frisch einen Snack gebacken, der ohne wirklichen Teig und ohne zugesetztes Fett und Öl allein mit Wasser vermischt richtig toll gelingt. Eine leckere Alternative statt anderer Naschereien. Dann wollte sie als Beweis für gutes Essen gerne vorstellen.

Ein super-leckeres Körner-Knabberbrot

Dazu nehmen wir 140 g einer Bio-Saatenmischung, dazu nach einmal extra 80 g Bio-Kürbiskerne, noch etwa 60 g gerösteten Bio-Sesam und 100 g Bio-Chia. Wir weichen diese Mischung leicht bedeckt für eine halbe Stunde in Wasser zum Quellen ein. Wenn wir sehen, dass die Mischung noch zu fest ist, geben wir zusätzlich etwas Wasser hinaus.

Statt Chia kann auch Leinsaat genommen werden. Anschließend wird diese Mischung mit einer guten Prise Salz und Provencekräutern gewürzt.

Die fertige und geweichte Mischung wird gleichmäßig auf einem Backpapier in einer dünnen Schicht auf einem Backblech verteilt (die angegebene Menge reicht für ein Blech) und in einem vorgeheizten Backofen bei etwa 170 Grad Umluft mit viel Ruhe etwa eine Stunde und zwanzig Minuten gebacken.

Für das Verteilen eignet sich am besten mit etwas Geduld und Gefühl ein Löffel – an einer Teigrolle bliebe die Masse zu stark kleben.

Eine hervorragende Beilage zu Dips, aber auch für sich ein toller Snack. Wenn nicht alles sofort verbraucht wird, bleiben die Reste in einer typischen Keksdose aus Metall noch mehrere Tage frisch und knackig.

Jedenfalls macht sich der Snack auch gut zum Thema. Der hat keinerlei zugesetzten Zucker. Womit man beim richtigen Thema wäre: Crunchies, Riegel und gesund aussehendes Backwerk. Aber welche Art des Süßens ist nun eigentlich wieviel wert. Ist Agavendicksaft, Cocosblütenzucker und was noch mehr wirklich besser als Rohrohrzucker. Was ist Mode, was ist echt? Und am Ende zählt dann doch nur die wirkliche Gesamtmenge an Zucker bei der Frage, was der Ernährung nützt.

Vesterbro, Kopenhagen

Olga und Hendrik genießen ihr neues Leben zusammen und sie können sich inzwischen schon gar nichts anderes vorstellen, obwohl sie sich noch gar nicht so lange kennen. Hendrik darf sich inzwischen auch um eines der Lieblingsthemen der Jungen kümmern: Burger ohne Fleisch. Auf diesem Gebiet sind die Deutschen einfach ein Stück weiter. In Dänemark ist das Bioniveau weit entwickelter als in Deutschland, aber in Sachen Herstellung sind die Nachbarn manchmal ein wenig schneller. Neben einigen Store-Checks und zwei Lieferantenkontakten hat Hendrik auch eine Tagung am Stadtrand von Hamburg ausgeguckt, die vielleicht noch etwas für ihn bringen könnte. „Ich fände es schön, wenn du mitkommen könntest. Das wäre nicht nur für die Sprache gut. Mein Deutsch ist nicht so toll. Und außerdem verstehst du ja auch eine ganze Menge von solchen Sachen. Wir hatten doch mal über Jan zu diesem Benny in Hamburg Kontakt. Der hat vielleicht auch noch ein paar Tipps für uns und außerdem scheint er ja auch sonst nett zu sein." „Gute Idee." Und wie es sein sollte hatte Benny natürlich auch mehr als eine Idee. „Das Witzige ist, dass gerade um diese Zeit die Caroline aus München auch in die Nähe kommen will. Die wollte ich mal zu einigen Biohöfen im Alten Land führen. Das könnten wir doch prima zusammen machen. Außerdem habe die immer ganz tolle Rezepte mit Apfel auf Lager. Überlegt euch das. Wenn ich nur an den leckeren Herbstprinz-

Salat denke." Der Herbstprinz ist einer der traditionellen Äpfel aus dem Alten Land, ein toller Apfel.

Herbstprinz-Salat

Basis ist ein normaler Blattsalat, frisch aus den Vier- und Marschlanden etwas weiter östlich des Alten Landes, dazu frische Radieschen, Kresse und Rauke, frische Gartenkräuter und ein blättrig geschnittener Herbstprinz-Apfel.

Dazu passen diese neuen im Inneren violett-weißen Rote Bete – in ganz dünne Scheiben geraspelt - sowie etwas fein geriebener Rettich. Und da hier das Land eben auch noch etwas weniger berührt ist, gibt es auch einige Plätze, an denen man unbedenklich frische Löwenzahnblätter und wilden Sauerampfer ernten kann. Eine echte Bereicherung.

Und jetzt ein Dressing aus weißen Balsamessig und Rapsöl mit Kräutersalz und einem Spritzer Zitrone.

Westerjork, Altes Land

Für Caroline, Kay und Matz ist die Gegend ideal. Eine frische Brise, viele Apfelplantagen, die nahe Elbe, eine Superidee, um auszuspannen. Natürlich verbindet Caroline das Ganze mit einer Story um eine Bio-Apfelbäuerin für ihren Blog. Schöne Bilder, freundliche Menschen und dazu leckere Äpfel frisch vom Baum. Der Beerenanbau in dieser Obstregion ist ein ständiger Kampf mit Amseln und Staren. Selbst Netze können die Ernte nicht immer wirklich sichern, aber wenn man ein paar Kirschen haben möchte, muss man diesen Kampf aufnehmen.

Die Landwirtschaft der Region musste sich ziemlich umstellen. Früher lagen die stolzen Höfe der Apfelbauern etwas zurückgelegt von der Straße. An der Straße eine repräsentative Prunkpforte und ein Stück dahinter erst der Hof. Nach solch einer lockeren Nutzung wertvollen Baulandes mussten sich die Nachfahren längst umstellen. Neue Gebäude entweder für die Landwirtschaft oder aber um Touristen als Gäste aufzunehmen veränderten das traditionelle Bild grundlegend.

Wenn eine Sünde sein darf, dann eben auch der typische Apfelkuchen. Und mit dem sind Benny, Olga und Hendrik bereits heftig beschäftigt, als Caroline, Kay und Matz dazu stoßen. „Wir müssen mal sehen, dass die alte Connection mal wieder vollzählig da ist. Bin neugierig, was Jan macht." „Das können wir übermorgen haben, wenn ihr flexibel seid", lachte Caroline, der Jan kommt nämlich zu einer Tagung ins Haus Rissen, also sozusagen auf die andere Seite der Elbe und wenn ich es recht verstehe mit seiner neuen Lebensgefählin Mareike." Und dann mussten sie erst einmal Hendrik und Olga über diese Connection aufklären. „Wir werden immer mehr. O,k,, dann übermorgen die Rissen-Connection" das gefällt mir." Das hinderte niemand, das Treffen mit Apfelkuchen zu genießen. Schnell zeigte sich, dass Hendrik und Kay eine Fülle gemeinsamer Themen entdecken konnten, auch wenn Kay in seinem neuen Job erst am Anfang steht. „Wenn ich zurück bin, werde ich sofort gucken, wie ich dich in eines unserer Werke einladen kann. Für mich ist der Kontakt mit der Praxis sowieso sehr wichtig." „Ich muss das natürlich auch schon mit meinem Getränkeeinkäufer abstimmen." „Übrigens hat Caroline schon eine Menge toller Rezepte für Drinks und Smoothies vorbereitet." Und schon begann das Networking in der erweiterten Connection.

Rissener Landstrasse, Hamburg

Früher stand die Villa Rissen noch relativ alleine hinter der herrschaftlichen, locker baumbestandenen Auffahrt. Heute ist der stilvolle Bau mit dem säulenbestandenen Portal umrahmt von Neubauten mit großzügigen Fenstern.

Zur eigenen Geschichte sagt das Haus: 1954 wurde HAUS RISSEN durch Hamburger Persönlichkeiten aus Wirtschaft, Politik, Wissenschaft und Medien gegründet, um nach dem Zweiten Weltkrieg die demokratische Neuausrichtung der jungen Bundesrepublik zu unterstützen und zur Einbindung des Landes in den Westen beizutragen.

Dieser Gründungsimpuls ist im Satzungszweck des Instituts festgehalten: „Jugend für Demokratie und Marktwirtschaft zu gewinnen und die Völkerverständigung zu fördern". Heute beherbergt das Haus ein interessantes Spektrum öffentlicher und geschlossener Veranstaltungen und die Location am Rande der Stadt sorgt stets für eine angenehme und konzentrierte Konferenzatmosphäre.

Ein-herz-fuer-bio.org

Sourcing Trends in Hamburg: eine erfolgreiche Networking Konferenz.

Rund siebzig Einkaufsspezialisten haben an den zwei

Konferenztagen ein hochkarätiges Informationsprogramm geboten bekommen und dies auf entsprechendem Niveau diskutiert. Da gab es viele offene Diskussionen und dazwischen geballte Information.

Der Start war wie immer die Marktlage: Diana Schaack von der AMI sprach zum Thema: „Pflanzliche Proteine für Mensch und Tier – Marktversorgung und Entwicklungsperspektiven" Sie analysierte die Marktentwicklung der einzelnen Vertriebswege und gab für Commodities und Trend-Rohstoffe. Ein Markt-Überblick zu Warenströmen und Herkünften. Linda Solcher nahm sich für Eurofins das Thema Lebensmittelsicherheit vor „Absicherung gegen Verfälschung": Global Sourcing: Audits, Inspektionen und Analytik – Konzepte aus der Praxis Bio-Produkte im internationalen Handel – Nur ein Risiko, oder eine Chance?

Zwischen den Querschnittsthemen Produkteinblicke: Katja Riedl-Wunderlich stellte für Transimpex Neue Projekte aus der Lieferkette vor von Anbau bis Verarbeitung: Reis, Nudeln bis zu Fertiggerichten. Das Thema „Hanf - regional, ökologisch und reich an Nährstoffen: Ein gesundes Lebensmittel wird wieder Trend" entfaltete Rafael Dulon von HANF FARM Schließlich stellten Vertreter aus Russland und der Ukraine sowie die Paten des Rohwarenprojekts in Nigeria ihre Projekte vor. Das abendliche Get-together war mit einigen Innovationen von Startups gewürzt und bot viel Gelegenheit für Gespräche.

Der zweite Konferenztag startete mit Überblicken -

einem Fair-Trade-Thema. „Soziale Verantwortung in der Lieferkette" vorgestellt von Julia Schäffer das Fair for Life-Konzept der Ecocert-Group. Die im Produktmanagement von dm Drogeriemarkt dafür Verantwortlichen, Marlene Jonas und Christian Kluge, gaben einen konzeptionellen Einblick in ihre Sortimentsarbeit „Bio-Produkte zwischen täglichem Bedarf, unterschiedlichen Ernährungsformen und aktuellen Trends - was die Marke dmBio bieten möchte und welcher Anspruch damit verbunden ist."

Den Abschluss bildeten laufende Produktentwicklungen und Innovativen. Lucas Janssen gab aus der Sicht der Richard Janssen GmbH Einblicke in neue Trends im Bereich Trockenfrüchte, Nüsse/Nussmischungen sowie Gemüsechips und für die Rubin Mühle führte Burkhardt Klodt die neuesten Entwicklungen aus der Extrusion vor. Protein-Chrispies für Frühstücksprodukte und Extrudate zur Herstellung von pflanzlichen Fleischersatzprodukten.

Wie immer war es der Sachkunde und Qualität der Referenten zu verdanken, dass die anwesenden Entscheider in kurzer Zeit ein hochkarätiges Update über die Trends und Entwicklungen im Markt bekamen und gleichzeitig ihre begrenzte Zeit für relevante Netzwerkkontakte nutzen konnten. Das Konzept dieser Veranstaltung, Informationen mit direkt geschäftlich umsetzbaren Kontakten zu verbinden, ging auch dieses Mal auf.

Erinnerungen aus dem Konferenzbuffet

Altländer Apfelsuppe

Der Sud wird aus einer Gemüsebrühe mit feinen Lauchröllchen, Kartoffelwürfeln sowie einem Verdickungsmittel nach Wahl erstellt, um eine leicht sämige Grundmasse zu haben. Diese wird mit Pfeffer und Salz, einem Spritzer Zitrone und Sauerampfer gewürzt. Kurz vor Fertigstellung werden grobe Raspel eines geschälten Altländer Apfels untergehoben, die in der heißen Suppe fünf Minuten ziehen. Dann wird sie serviert.

Ratatouille einmal anders und als Sommerrezept

Es lohnt sich, Gemüse authentisch und möglichst frisch auf den Tisch zu bringen. Wir schneiden zwei Auberginen jeweils in der Längsrichtung in große ca. 5 Millimeter dicke Scheiben und bestreuen sie mit Salz, welches die Feuchtigkeit herausziehen soll. Nach einer gewissen Zeit hat das Salz sein Werk getan, die Feuchtigkeit kann abgetupft werden und das restliche Salz wird gründlich entfernt.

Außerdem suchen wir uns ca. 5 kleine Zucchini aus, die in Längsrichtung einmal durchgeschnitten werden. Mit einem Kaffeelöffel schaben wir die Kernmasse aus dem Inneren heraus, weil die zu viel Feuchtigkeit enthält.

Die so vorbereiteten Scheiben von Auberginen und

Zucchini werden mit einem Backpinsel dünn und von beiden Seiten mit Olivenöl bestrichen und mit Kräutersalz bestäubt und bei ca. 180° Umluft im Backofen gegart.

In einer großen Pfanne werden klein gewürfelte Zwiebelstücke von zwei frischen Zwiebeln und sechs Knoblauchzehen angebraten, dazu geben wir gewürfelte Paprikastücke sowie – wenn beschaffbar – frische Provencekräuter. Wenn die Paprika angedünstet sind, werden die im Backofen vorgegarten Gemüsescheiben kleiner geschnitten und dazu gefügt. Zum Schluss geben wir ein gutes Dutzend halbierter Kirschtomaten hinzu.

Der Geschmack dieser nicht allzu verkochten und noch knackigen Variante überzeugt.

Was dazu gut passt sind knackig gegarte frische Kartoffeln in der Schale. Dazu passt als frische Ergänzung ein mit einer Auswahl von Schnittlauch, Zitronenmelisse und Kresse angemachter Quark.

Ein abwechslungsreicher Burger mit Tofu

Eine große Scheibe Flaschenkürbis wird mit Öl bestrichen und mit Kräutersalz bestäubt und im Backofen gegart. Zwei zerkleinerte rote Zwiebeln, eine Schote Peperoni, vier Knoblauchzehen und fünf Champignons werden in der Pfanne in Bratöl angegart.

Alle Zutaten ruhen, um abzukühlen. Dann werden sie zusammen mit geräuchertem Tofu zerkleinert und zu einer homogenen Masse gemischt, die mit Kreuzkümmel, Paprikapulver, Muskatnuss und Pfeffer gewürzt und abgeschmeckt wird. Damit die Masse sich besser verbindet und gut formbar ist, geben wir Guakernmehl hinzu.

Aus dieser Masse werden zwei Patties für Burger geformt, die nun in Öl knusprig angebraten werden.

Um aus der Idee abwechslungsreiche Burger zu machen, werden zwei kleine Brötchen aufgeschnitten und mit Blättern von knackigem Eisbergsalat und frischen Gurkenscheiben belegt. Um das Innere des Burgers nicht zu trocken schmecken zu lassen, bereiten wir eine kleine Menge Dressing aus einer Mischung aus Mayonnaise (auf Wunsch auch vegan) mit einem Spritzer Zitrone, klein geschnittenem Schnittlauch und einer Messerspitze Senf zu. Das Dressing kommt zwischgen die Brötchenhälften und die knusprige Tofumasse.

Die neu vergrößerte Connection verspricht sich von der Folgekonferenz Anregungen, Impulse und natürlich auch Kundonkontakte jeglicher Art. Mareike und Jan haben es sich im Kaminzimmer mit einem Kaffee gemütlich gemacht. Und schon treffen sie auf eine Anzahl bekannter und neuer Gesichter. Die, die hier versammelt, so vertieft sich der Eindruck schnell, das sind die Ernsthaften, die Profis, die wissen, was sie wollen und die in ihrer Praxis schon all die Probleme gesehen haben, die man eigentlich nicht erleben möchte. Wie schwer es ist, Ware aus bislang nicht gewohnten Ländern zu beziehen, wie mühsam es ist, Lieferanten zu zuverlässigem Bioanbau zu motivieren. „In den Trendbereichen der

Bioprodukte gibt es pro Jahr Zuwächse von 10 % und mehr und das jedes Jahr. Und natürlich werden die Preise immer sensiblere Themen. Je mehr ein Artikel zum wirklichen Massenartikel wird, desto stärker kommt das Wachstum über bessere Preise. Ein nicht so starker Artikel fing vielleicht einst im Fachhandel an. Da war vieles in Beschaffung, Verpackung, Belieferung noch weniger professionell und die Preise hoch. Dann wanderte der Artikel mehr in den Massenmarkt, kam zu den klassischen Geschäften mit Vollsortiment, musste sich in Preis, Beschaffung und Logistik dort in den Regalen behaupten und dann kommt der Discount und pickt sich die stärksten Artikel heraus. Und wieder schließen Anbieter und Produzenten zusätzliche Kompromisse, um einen noch etwas besseren Preis zu ermöglichen. Wer kann der Versuchung widerstehen, solche Mengen liefern zu dürfen?" Jan, der die Dinge nüchtern wie realistisch betrachtet, sieht darin auch die Chance für Leute wie ihre Connection. „Das ist unsere Zeit, alle, die jetzt Produkte zu den Verbrauchern bringen wollen, brauchen Leute wie uns, die wirklich mit den Produkten leben, die selbst in der Küche ausprobieren und vor allem, die richtig gute Ideen haben. Der Markt ruft schließlich ständig danach." „Also nach uns. Wir sind doch alle Besseresser und wissen, wie man das macht. Jeder von uns auf seine Weise."

Die Besseresser: Mein Essen – alles, was ich mag und was mir guttut – das bin ich

Menschen definieren sich gerne und immer mehr über Lebensmittel: Ich bin, was ich esse.

Heute bringen insbesondere jüngere Verbraucher Selbstbezeichnungen über ihre Lippen, die man vor wenigen Jahren als viel zu speziell und als absolute Insiderbezeichnungen gehandelt hätte. „Ich bin Veganer", „ich bin Pescetarier", „ich bin Flexitarier" oder „mir bekommt glutenfrei bzw. lactosefrei einfach besser". Gesund leben und schlank sei bzw. werden wollen hat ohnehin seit Jahrzehnten einen festen Platz in fast allen Unterhaltungsmedien. Inzwischen wird etwas genauer nachgefragt als zuvor: Einfache Bezeichnungen wie „regional", „bio" oder „fair gehandelt" haben zwar immer noch ihren Platz im Qualitätsraster der Menschen, aber sie geben offenbar allein und für sich genommen nicht mehr das, was die Emotionen weckt.

Vor allem in Deutschland paart sich die Diskussion über das Essen gerne mit Ideologien:

Einst war es besonders cool, für minimales Geld die angeblich besten Qualitäten zu ergattern. Für Minderheiten waren emotional besetzte Begriffe wie „bestes Bio", „fair gehandelt" oder „direkt aus der Region" eine Art Innbegriff von idealem Leben. Solche Label und vor allem in Deutschland – in leicht veränderter Variante auch in Frankreich – wichtig und beliebt. Definitionen wie „vegan" und „glutenfrei" werden mit einem perfektionistischen Regelwerk definiert und ausgestaltet, welches beispielsweise in den USA keine Chance hätte. In großen Teilen der Welt ist man mit den Zutaten in Lebensmitteln und ihrer Bewertung durchaus großzügiger.

In einer Gesellschaft, in der konstant schlanke Schönheit das menschliche Ideal ist und in der Menschen immer länger leben können, wird das Thema gesunder und lebens-fördernder Ernährung zum Dauerbrenner mit Ideen, was gut ist und was man meiden sollte. Die Feinde wechseln ein wenig innerhalb der berühmten Auswahlmöglichkeiten: Salz ist nur noch bedingt der Feind guter Ernährung, aber dann eben zu viel Zucker. Ja und die Fette – hier doch bitte mehr die ungesättigten Fettsäuren und – aufgepasst – wenn es geht wenig Kohlenhydrate. Aber Diät mögen wir das nicht mehr nennen. Nein es soll schmecken, soll Genuss verheißen und dabei richtig guttun.

Nicht mehr Diät, sondern das essen, von dem man denkt, dass es gesundmacht oder gesund erhält.

Lebensmittel spielen eine zentrale Rolle bei der Suche nach einem guten Leben, nach Gesundheit und einem schönen Körper.

Dieser verstärkte Wunsch spielt der Tatsache in die Hand, dass Lebensmittelgeschäfte, Händler und Hersteller in diesem Bereich seit einem Jahrhundert vor allem von dem Leben, was neue Qualitäten und

Geschmackserlebnisse verheißt. In diesem Bereich gibt es stets auch kurzfristige Hypes rund um Superzutaten und Geschmacksrichtungen, die danach auch wieder abflachen. Aber es gibt eben auch längerfristige Wünsche, die bleiben, wie der Wunsch nach gesünderen Lebensmitteln, nach Bioqualität, nach Transparenz von Inhalten, Zutaten und Herkünften und immer wieder nach umfassender Kundenfreundlichkeit.

Daneben besteht freilich auch immer wieder die Versuchung, mit solchen Wünschen und Hoffnungen der Verbraucher zu spielen, ihnen Qualitäten vorzuspiegeln mit sehr zweifelhaften Versprechungen.

Die inzwischen unumkehrbare Entwicklung des digitalen Zeitalters bringt es nun aber mit sich, dass Lebensmittelangebote genau wie technische Produkte oder Dienstleistungen durch die Kommunikation im Netz transparenter werden.

Das Internet ermöglicht auch kleinen Playern, sich interessant darzustellen. Es demokratisiert die Ideen und Bewertungen. Ob es für Lebensmittel wirklich der relevante Vertriebsweg werden kann, wird sich erst noch zeigen. Es sorgt, dafür, dass Trends und Vorlieben schnell und effizient verbreitet werden. Es hilft bei der Preistransparenz und fördert den Austausch über Geschmackseindrücke und Qualitäten.

Und ja, aus diesem Grund, darf man sich freuen, wenn viele Verbraucher, Lebensmittelinteressierte, aber auch Startups und Profis sich immer wieder neu auch im Netz in diesen Austausch einmischen.

Überall

Besseresser ist ein gutes Programm, wenn man an manchen Punkten bei der eigenen Ernährung bewusster zugreift. Also immer auch ein gutes Stück Kopfsache: Warum ist Bio gut für mich? Gut für die Menschheit. Wir entdecken neue Zutaten, werden durch Trends und Moden in neue Dimensionen gelockt.

Aber vieles an dieser Entdeckungsreise darf und soll auch „Bauch" bleiben und individueller Geschmack. Wenn das keinen Platz mehr hätte, blieben viele Ideen nur Eintagsfliegen und ohne nachhaltige Wirkung.

In diesem Sinne auch „Guten Appetit" mit den hier skizzierten Rezepten und immer mehr Mut zu den eigenen Gewürzen und dem individuellen Geschmack.

Rezepte und Anregungen für Besseresser und solche, die es werden wollen

Zur schnellen Orientierung nach Seiten in diesem Buch

Seite 10 Entdeckung Chia-Pudding

S. 33   Dänisches Gemüse, mariniert im Geist der neuen nordischen Küche

S. 35 Carolines Kürbisprotein-Brot

S. 38 Mettes Kürbis-Rezepte

S. 43 Carolines Quinoa-Hirse-Pfanne

S. 47 Annas Buddha-Bowls

S. 53 Mettes Pfannkuchen

S. 54 Janinas Salat – auch als Grundzutat für unterschiedliche Buddha-Bowls wunderbar verwendbar

S. 66/67 Wie vegetarische Brotaufstriche immer wieder abwechslungsreich und gehaltvoll komponiert werden

S. 68 Mettes Avocadocreme

S. 75/76 Olgas glutenfreier Obstkuchengteig

S. 79 Für morgens kam die berühmte Pfannkuchenteigmischung dran

S. 80 Für abends hat sie sich jeweils wechselnde Bowls vorgenommen

S. 80 Selbst fermentierte Rote Bete

S.97 Caroline Smoothies

S. 98 Mette bereitet einen Ingwer-Orangen-Tee mit Zimt.

S. 98 Die ersten Suppen für den Einstieg in die Gespräche hat sie fertig mitgebracht.

S. 98 Der Klassiker: Kürbissuppe.

S. 98 Zur Auswahl eine etwas aufwändigere Linsen-Sellerie-Suppe.

S. 99 Und ebenfalls ein Klassiker – eine mexikanische Tomaten-Bohnen-Suppe.

S. 100 Für die vegane Küche zusätzlich eine Suppe auf der Basis von Cocosmilch und Gemüsebrühe.

S. 107 Alte Vollwertrezepte Grundrezept Bio-Bratlinge

S. 107 Der Universal-Grünkernsalat

S. 136 Mettes Fliederbeersuppe

S. 143 Mariniertes Gemüse mit nordischem Einschlag

S. 144 Frittierte Lauchstangen

S. 145 Nordisches Dinkelrisotto

S. 147/148 Mettes Idee für Hummus

S. 149 Grundrezept für Falafel

S. 150 Trines Zucchini-Plätzchen

S. 155 Carolines Kinderdrinks

S. 162 Ein fast vergessenes Hofrezept: Zucchini mit Grünkernfüllung

S. 163 Eine leckere Apfeltarte

S. 165 Carolines Hafermilch für jung und alt

S. 168 Der superleckere Obstsalat

S. 169 Buddha-Bowl mit Süßkartoffeln, Kichererbsen, Avocado und Granatapfelkernen

S. 171 Vegetarische Gemüseburger aus Linsen und Hirse

S. 174/175 Burger aus fertig vorbereiteten Sojaproteinen

S. 176/177 Ein superleckeres Körner-Knabberbrot

S. 179 Herbstprinzsalat

S. 184 Erinnerungen aus dem Konferenzbuffet

S. 184 Altländer Apfelsuppe

S. 184 Ratatouille einmal anders und als
Sommerrezept

S. 185 Ein abwechslungsreicher Burger mit Tofu

Der Autor

Schreiben gehört beruflich wie privat zum Leben von
Dr. Klaus-Jürgen Holstein als Journalist, Werbetexter und
seit Jahrzehnten Schreibender genau wie die Themen
Bio und Lebensmittel. Logischerweise ist er auch in allen
sozialen Netzwerken zu finden und immerhin seit etwa
fünfzehn Jahren schon regelmäßig unter
www.ein-herz-fuer-bio.org

Die Absicht der Reihe @LostPostings – auch im Netz
unter www.lostpostings.org   zu finden – ist es Themen
und Gedanken in einer unterhaltsamen Form zu
verbreiten.

In der Reihe @LostPostings bereits erschienen

Paris – Hamburg

ISBN 978-3-7528-2811-5

Wie das Leben schmeckt

ISBN 978-3-7528-8462-3

Dieses Buch ist all den faszinierenden Menschen, Entdeckungen, Zutaten und Lebensmitteln gewidmet, denen ich immer wieder auf der Reise mit den Besseressern begegnet bin und noch begegnen werde.